大家小书

老子、孔子、墨子及其学派

梁启超 著

北京出版集团公司
北京出版社

图书在版编目（CIP）数据

老子、孔子、墨子及其学派 / 梁启超著 . — 北京 ：
北京出版社，2016. 7
（大家小书）
ISBN 978-7-200-12098-1

Ⅰ. ①老… Ⅱ. ①梁… Ⅲ. ①道家—研究②儒家—研究③墨家—研究 Ⅳ. ①B220. 5

中国版本图书馆CIP数据核字（2016）第077134号

总策划：安　东　高立志　　责任编辑：王　鑫　邓雪梅

· 大家小书 ·

老子、孔子、墨子及其学派
LAOZI、KONGZI、MOZI JI QI XUEPAI
梁启超　著
*
北京出版集团公司
北　京　出　版　社　出版
（北京北三环中路6号　邮政编码：100120）
网　址：www.bph.com.cn
北京出版集团公司总发行
新华书店经销
北京华联印刷有限公司印刷
*
880毫米×1230毫米　32开本　11.75印张　193千字
2016年7月第1版　2023年4月第7次印刷
ISBN 978-7-200-12098-1
定价：39.80元
质量监督电话：010-58572393

序　　言

袁行霈

“大家小书”，是一个很俏皮的名称。此所谓“大家”，包括两方面的含义：一、书的作者是大家；二、书是写给大家看的，是大家的读物。所谓“小书”者，只是就其篇幅而言，篇幅显得小一些罢了。若论学术性则不但不轻，有些倒是相当重。其实，篇幅大小也是相对的，一部书十万字，在今天的印刷条件下，似乎算小书，若在老子、孔子的时代，又何尝就小呢?

编辑这套丛书，有一个用意就是节省读者的时间，让读者在较短的时间内获得较多的知识。在信息爆炸的时代，人们要学的东西太多了。补习，遂成为经常的需要。如果不善于补习，东抓一把，西抓一把，今天补这，明天补那，效果未必很好。如果把读书当成吃补药，还会失去读书时应有的那份从容和快乐。这套丛书每本的篇幅都小，读者即使细细地阅读慢慢地体味，也花不了多少时间，可以充分享受读书的乐趣。如果把它们当成补药来吃也行，剂量小，吃起来方便，消化起来也容易。

我们还有一个用意，就是想做一点文化积累的工作。把那些经过时间考验的、读者认同的著作，搜集到一起印刷出版，使之不至于泯没。有些书曾经畅销一时，但现在已经不容易得到；有些书当时或许没有引起很多人注意，但时间证明它们价值不菲。这两类书都需要挖掘出来，让它们重现光芒。科技类的图书偏重实用，一过时就不会有太多读者了，除了研究科技史的人还要用到之外。人文科学则不然，有许多书是常读常新的。然而，这套丛书也不都是旧书的重版，我们也想请一些著名的学者新写一些学术性和普及性兼备的小书，以满足读者日益增长的需求。

“大家小书”的开本不大，读者可以揣进衣兜里，随时随地掏出来读上几页。在路边等人的时候，在排队买戏票的时候，在车上、在公园里，都可以读。这样的读者多了，会为社会增添一些文化的色彩和学习的气氛，岂不是一件好事吗？

“大家小书”出版在即，出版社同志命我撰序说明原委。既然这套丛书标示书之小，序言当然也应以短小为宜。该说的都说了，就此搁笔吧。

用人生观来贯穿中国思想

——梁启超对老子、孔子、墨子及其后学的解读

蒙　木

一战结束后，梁启超作为徐世昌特派的观察员，去参加巴黎和会，因此催生了五四运动。他在国外游历长达一年，亲见战后疮痍的西方社会，又拜会了柏格森、奥伊肯（又译作倭铿）等西方思想家，回来便写了《欧游心影录》，认为西方“科学万能”迷梦已告破产，主张：“拿西洋的文明，来扩充我们的文明，又拿我们的文明去补助西洋的文明，叫他化合起来成为一种新文明。”他具体提出：

> 孔、老、墨三位大圣，虽然学派各殊，求理想与实用一致，却是他们共同的归着点。如孔子的“尽兴赞化”“自强不息”，老子的“各归其根”，墨子的“上同于天”，都是看出有个“大的自我”“灵的自我”和

这“小的自我”“肉的自我”同体。想要因小通大，推肉合灵。我们若是跟着三圣所走的路，求“现实的理想与实用一致”，我想不知有多少境况可以辟得出来哩。

更早的时候，他著有《论中国学术思想变迁之大势》（1902），提出春秋战国是中国思想的全盛时代：“孔子、老子分雄南、北，而起于其间者有墨子焉。”但梁启超对这三家的全面研究是他弃政从学，尤其是受到胡适1919年出版的《中国哲学史大纲》的激发以后。

梁启超1920年写就《老子哲学》，发表在1921年5月、8月的《哲学》第一、二期。《中国哲学史大纲》截断众流，从老子讲起，认为在中国的“哲学史”上，老子早于孔子，孔子曾向老子问礼；老子生于公元前570年左右，“比孔子至多不过大二十岁”。梁启超应对胡著，也首先谈老子其人其书，但他认为胡适的判断不够严谨，提出《史记》中载老子有个儿子叫李宗，“宗为魏将，封于段干”，所以判断老子“离战国时甚近”；他后来在《评胡适之〈中国哲学史大纲〉》中进一步明确：“我很疑心《老子》的成书年代，是在战国末。”关于老子的年代问题争论便是从这里开始的。今天因为马王堆帛书和郭店楚简《老子》的出土，似乎问题解决了，其实未必然，梁启超在《评胡适之〈中国哲学史大纲〉》中所提出的问题依然要解决，它将启示我们对古书的体例、署名、著作方式等进一步进行研究。

《老子哲学》提出老子所在楚或者陈在当时的中国属于南方，所以学说“活泼进取”，“纯带革命的色彩”。就内容而言，从本体、名相、作用三方面以佛释老，并结合了当时的时事，与达尔文、罗素等国外思想进行比较。其实用今天的术语可以大致理解为，梁启超从本体论、认识论和价值论来诠释了老子思想。

老子的道就是《大乘起信论》所谓的“心真如门”，“道的本体是要参证得来的，不是靠寻常学问智识得来的”。老子以为：“名相都由人类的分别心现出来。……破除分别心的第一要着，连自己的身都不肯自私，那么一切名相都跟着破了。”至于作用论，他引用罗素的观点认为：“老子专提倡‘创造的冲动’……是最高尚而且最有益的哲学。”他最后的结论是：“我读了一部《老子》，就没有看见一句厌世的语。……老子是一位最热心肠的人。……老子的大功德，是在替中国创出一种有统系的哲学。他的哲学，虽然草创，但规模很宏大，提出许多问题供后人研究。他的人生观是极高尚而极适用。”

《孔子》亦写作于1920年，写得更细，不仅论述了孔子的事迹、时代、资料，孔学提纲，还谈了孔学与《易》《春秋》的关系。他讲“忠恕”“一贯”最有意思：

> 在文中心为忠，如心为恕。中心为忠，即是拿自己来做中坚的意思。充量的从内面穷尽自己心理的功能，就是“内思毕心”，就是“尽已”。……毕心、尽性、自成，拿现在的流行语讲，就是发展个性。……这是忠的一贯。用自己的心来印证，叫做如心。从实践方面说，是推己及人；从智识方面讲，是以心度物。……将自己的心推测别人，照样的来待他，就是最简易最高尚的道德。……将已知的事理，推到未知的事理，就是最有系统的学问。……忠恕两字，其实是一事，故说一以贯之。

这样，孔子和老子都和西方生命哲学，以及梁启超自己的趣味哲学相通起来；通过“如心”这个遣词，联系《老子哲学》所引“心真如门”，老子、孔子，和佛学也相通起来。《孔子》还说：

> 孔子的境遇，很像现今的苦学生，绝无依靠，绝无师

承，全恃自己锻炼自己，渐渐锻成这么伟大的人格。我们读释迦、基督、墨子诸圣哲的传记，固然敬仰他的为人，但总觉得有许多地方，是我们万万学不到的。惟有孔子，他一生所言所行，都是人类生活范围内极亲切有味的庸言庸行，只要努力学他，人人都学得到。

梁启超《评胡适之〈中国哲学史大纲〉》中强调："用知识来贯孔学是贯不来的。"他说："胡先生观察中国古代哲学，全从知识论方面下手，观察得异常精密。这观察点我虽然认为有益且必要；但以宗派不同之各家，都专从这方面论他的长短，恐怕有偏宕狭隘的毛病。"因此断言胡著："凡关于知识论方面，到处发见石破天惊的伟论；凡关于宇宙观、人生观方面，什有九很浅薄或谬误。"

梁启超以人生观为着重点来论述老子、孔子，亦以之论墨子。他在所著《墨子学案》推墨子为人格之典范：

我们研究墨子，不但是研究他的学说，最要紧是研究他的人格。论学说呢？虽然很有价值，但毛病却也不少。论到人格，墨子真算千古的大实行家。不惟在中国无人能比，求诸全世界也是少见。……就艰苦实行这方面看来，墨子真是极像基督，若有人把他钉十字架，他一定含笑不悔。……当时墨者的气象所以能如此其好，大半是受墨子人格的感化；他门下的人物，比孔门强多了；所以能成为一时的显学。

梁启超早在1904年就开始在《新民丛报》连载了《子墨子学说》与《墨子之论理学》，1921年的《墨子学案》则体现了与胡适《中国哲学史大纲》的对话用意所在。梁启超夸赞胡适的墨子和别墨“好极了”。梁启超认为：“革除旧社会，改造新社会，就是墨子思想的总根源。”墨子的缺点也毋庸讳言，“干涉思想自由甚过”。

本书又将梁启超大致同时所著《老孔墨以后学派概观》作为最后一编。鉴于《老孔墨以后学派概观》终于孟子，似乎是未完稿，荀子尚且不及说，至于墨子的后学整个缺失了。因此编者从《要籍解题及其读法》中荀子部分抽出“《荀子》学术梗概及书中最重要之诸篇”“读《荀子》法”两节，命名为“《荀子》学术梗概”；以及本属于《墨子学案》附录的《墨者及墨学别派》，分别作为《老孔墨以后学派概观》编的附录一和附录二。因此我们也将得到梁启超对于老子、孔子、墨子及其学派的全面论述，也可以解读为他对春秋战国思想的一个总的鸟瞰。

梁启超认为：我们中国哲学上最重要的问题是："怎么样能够令我的思想行为和我的生命融合为一，怎么样能够令我的生命和宇宙融合为一？"这个问题是儒家、道家所同的。

显然梁启超批评胡适从知识论方面着手研究中国思想，他则用人生观来贯穿中国思想，着重从人格的养成来讨论他所推崇的中国思想全盛时代的三大圣人，所以本书将他1922年的一篇演讲《为学与做人》作为代前言，置在卷首。

目录

为学与做人

今天到这里，能够和全城各校诸君聚在一堂，令我感激得很，但有一件，还要请诸君原谅：因为我一个月以来，都带着些病，勉强支持，今天不能作很长的讲演，恐怕有负诸君期望哩。

问诸君："为什么进学校？"我想人人都会众口一词的答道："为的是求学问。"再问："你为什么要求学问？""你想学些什么？"恐怕各人的答案就很不相同，或者竟自答不出来了。诸君啊！我请替你们总答一句罢："为的是学做人。"你在学校里头学的什么数学、几何、物理、化学、生理、心理、历史、地理、国文、英语，乃至什么哲学、文学、科学、政治、法律、经济、教育、农业、工业、商业等等，不过是做人所需的一种手段，不能说专靠这些便达到做人的目的，任凭你把这些件件学得精通，你能够成个人不成个人还是别问题。

人类心理，有知、情、意三部分。这三部分圆满发达的状态，我们先哲名为三达德——智、仁、勇。为什么叫做“达德”呢？因为这三件事是人类普通道德的标准，总要三件具备才能成一个人。三件的完成状态怎么样呢？孔子说：“知者不惑，仁者不忧，勇者不惧。”所以教育应分为知育、情育、意育三方面，——现在讲的智育、德育、体育，不对！德育范围太笼统，体育范围太狭隘。知育要教到人不惑，情育要教到人不忧，意育要教到人不惧。教育家教育学生，应该以这三件为究竟，我们自动的自己教育自己，也应该以这三件为究竟。

怎么样才能不惑呢？最要紧的是养成我们的判断力。想要养成判断力，第一步，最少须有相当的常识；进一步，对于自己要做的事须有专门智识；再进一步，还要有遇事能断的智慧。假如一个人连常识都没有，听见打雷，说是雷公发威，看见月蚀，说是蛤蟆贪嘴。那么，一定闹到什么事都没有主意，碰到一点疑难问题，就靠求神问卜看相算命去解决，真所谓“大惑不解”，成了最可怜的人了。学校里小学、中学所教，就是要人有了许多基本的常识，免得凡事都暗中摸索。

但仅仅有点常识还不够，我们做人，总要各有一件专门职业。这门职业，也并不是我一人破天荒去做，从前已经许多人做过，他们积累了无数经验，发见出好些原理原则，这就是专门学识。我打算做这项职业，就应该有这项专门学识。例如我想做农吗，怎么的改良土壤，怎么的改良种子，怎么的防御水、旱、病、虫，等等，都是前人经验有得成为学识的；我们有了这种学识，应用他来处置这些事，自然会不惑，反是则惑了。做工、做商等等都各有他的专门学识，也是如此。我想做财政家吗，何种租税可以生出何样结果，何种公债可以生出何样结果，等等，都是前人经验有得成为学识的；我们有了这种学识，应用他来处置这些事，自然会不惑，反是则惑了。教育家、军事家等等，都各有他的专门学识，也是如此。我们在高等以上学校所求的智识，就是这一类。

但专靠这种常识和学识就够吗？还不能。宇宙和人生是活的，不是呆的，我们每日碰见的事理是复杂的、变化的，不是单纯的、刻板的，倘若我们只是学过这一件，才懂这一件，那么，碰着一件没有学过的事来到跟前，便手忙脚乱了。所以还要养成总体的智慧，才能有根本的判断力。

这种总的智慧如何才能养成呢？第一件，要把我们向来粗浮的脑筋着实磨炼他，叫他变成细密而且踏实。那么，无论遇着如何繁难的事，我都可以彻头彻尾想清楚他的条理，自然不至于惑了。第二件，要把我们向来浑浊的脑筋，着实将养他，叫他变成清明。那么，一件事理到跟前，我才能很从容很莹澈的去判断他，自然不至于惑了。以上所说常识、学识和总体的智慧，都是智育的要件，目的是教人做到“知者不惑”。

怎么样才能不忧呢？为什么仁者便会不忧呢？想明白这个道理，先要知道中国先哲的人生观是怎么样。“仁”之一字，儒家人生观的全体大用都包在里头。“仁”到底是什么？很难用言语说明，勉强下个解释，可以说是：“普遍人格之实现。”孔子说：“仁者，人也。”意思是说人格完成就叫做“仁”。但我们要知道，人格不是单独一个人可以表见的，要从人和人的关系上来看。所以仁字从二、人，郑康成解他做“相人偶”。总而言之，要彼此交感互发，成为一体，然后我的人格才能实现。所以我们若不讲人格主义，那便无话可说。讲到这个主义，当然归宿到普遍人格。换句话说，宇宙即是人生，人生即是宇宙，我的人格和宇宙无二区别，体验得这个道理，就叫做“仁者”。

然则，这种仁者为什么就会不忧呢？大凡忧之所从来，不外两端：一曰忧成败，二曰忧得失。我们得着“仁”的人生观，就不会忧成败。为什么呢？因为我们知道宇宙和人生是永远不会圆满的，所以《易经》六十四卦，始“乾”而终“未济”。正为在这永远不会圆满的宇宙中，才永远容得我们创造进化。我们所做的事，不过在宇宙进化几万万里的长途中，往前挪一寸、两寸，那里配说成功呢？然则不做怎么样呢？不做便连这一寸都不往前挪，那可真真失败了。“仁者”看透这种道理，信得过只有不做事才算失败，凡做事便不会失败。所以《易经》说：“君子以自强不息。”换一方面来看，他们又信得过凡事不会成功的，几万万里路挪了一两寸，算成功吗？所以《论语》：“知其不可而为之。”你想，有这种人生观的人，还有什么成败可忧呢？

再者，我们得着“仁”的人生观，便不会忧得失。为什么呢？因为认定这件东西是我的，才有得失之可言。连人格都不是单独存在，不能明确的画出这一部分是我的，那一部分是人家的，然则那里有东西可以为我们所得？既已没有东西为我所得，当然也没有东西为我所失。我只是为学问而学问，为劳动而劳动，并不是拿学问劳动等做手段来达某种目的——可以为我们“所得”的。所以老子说：“生而不有，为而不恃。”“既以为人已愈有，既以与人已愈多。”你想，有这种人生观的人，还有什么得失可忧呢？总而言之，有了这种人生观，自然会觉得“天地与我并生，而万物与我为一”，自然会“无入而不自得”。他的生活，纯然是趣味化、艺术化。这是最高的情感教育，目的教人做到“仁者不忧”。

怎么样才能不惧呢？有了不惑、不忧功夫，惧当然会减少许多了。但这是属于意志方面的事。一个人若是意志力薄弱，便会有丰富的智识，临时也会用不着，便有优美的情操，临时也会变了卦。然则意志怎么才会坚强呢？头一件须要心地光明，孟子说：“浩然之气，至大至刚。行有不慊于心，则馁矣。”又说：“自反而不缩，虽褐宽博，吾不惴焉；自反而缩，虽千万人，吾往矣。”俗话说得好：“生平不作亏心事，夜半敲门也不惊。”一个人要保持勇气，须要从一切行为可以公开做起，这是第一着。

第二件要不为劣等欲望之所牵制。《论语》记，“子曰：‘吾未见刚者。’或对曰：‘申枨。’子曰：‘枨也欲，焉得刚？’”一被物质上无聊的嗜欲东拉西扯，那么百炼刚也会变成绕指柔了。总之，一个人的意志，由刚强变为薄弱极易，由薄弱返到刚强极难。一个人有了意志薄弱的毛病，这个人可就完了。自己作不起自己的主，还有什么事可做？受别人压制，做别人奴隶，自己只要肯奋斗，终必能恢复自由。自己的意志做了自己情欲的奴隶，那么，真是万劫沉沦，永无恢复自由的余地，终身畏首畏尾，成了个可怜人了。

孔子说："和而不流，强哉矫；中立而不倚，强哉矫。国有道，不变塞焉，强哉矫；国无道，至死不变，强哉矫。"我老实告诉诸君说罢，做人不做到如此，决不会成一个人。但做到如此真是不容易，非时时刻刻做磨炼意志的功夫不可，意志磨炼得到家，自然是看着自己应做得事，一点不迟疑，扛起来便做，"虽千万人吾往矣"。这样才算顶天立地做一世人，绝不会有藏头躲尾、左支右绌的丑态。这便是意育的目的，要教人做到"勇者不惧"。

我们拿这三件事作做人的标准，请诸君想想，我自己现时做到那一件——那一件稍微有一点把握。倘若连一件都不能做到，连一点把握都没有，嗳哟！那可真危险了，你将来做人恐怕就做不成。讲到学校里的教育吗，第二层的情育、第三层的意育，可以说完全没有，剩下的只有第一层的知育。就算知育罢，又只有所谓常识和学识，至于我所讲的总体智慧靠来养成根本判断力的，却是一点儿也没有。这种"贩卖知识杂货店"的育，把他前途想下去，真令人不寒而栗！现在这种教育，一时又改革不来，我们可爱的青年，除了他更没有可以受教育的地方。诸君啊！你到底还要做人不要？你要知道危险呀！非你自己抖擞精神想方法自救，没有人救你呀！

诸君啊！你千万别要以为得些断片的智识，就算是有学问呀。我老实不客气告诉你罢；你如果做成一个人，智识自然是越多越好；你如果做不成一个人，智识却是越多越坏。你不信吗？试想想全国人所唾骂的卖国贼某人某人，是有智识的呀，还是没有智识的呢？试想想全国人所痛恨的官僚政客——专门助军阀作恶鱼肉良民的人，是有智识的呀，还是没有智识的呢？诸君须知道啊，这些人当十几年前在学校的时代，意气横厉，天真烂漫，何尝不和诸君一样？为什么就会堕落到这样的田地呢？屈原说的："何昔日之芳草兮，今直为此萧艾也！岂其有他故兮，莫好修之害也。"天下最伤心的事，莫过于看着一群好好的青年，一步一步的往坏路上走。诸君猛醒啊！现在你所厌所恨的人，就是你前车之鉴了。

诸君啊！你现在怀疑吗？沉闷吗？悲哀痛苦吗？觉得外边的压迫你不能抵抗吗？我告诉你：你怀疑和沉闷，便是你因不知才会惑；你悲哀痛苦，便是你因不仁才会忧；你觉得你不能抵抗外界的压迫，便是你因不勇才有惧。这都是你的知、情、意未经过修养磨炼，所以还未成个人。我盼望你有痛彻的自觉啊！有了自觉，自然会自动。那么，学校之外，当然有许多学问，读一卷经，翻一部史，到处都可以发见诸君的良师呀！

诸君啊，醒醒罢！养足你的根本智慧，体验出你的人格、人生观，保护好你的自由意志。你成人不成人，就看这几年哩！

（本文是一九二二年十二月二十七日为江苏学生联合会的演说，载《晨报副刊》一九二三年一月五日）

第一编 老子哲学

老子的大功德，是在替中国创出一种有统系的哲学。他的哲学，虽然草创，但规模很宏大，提出许多问题供后人研究。他的人生观，是极高尚而极适用。

第一节　老子的传记

研究历史的人，找不到完备正确的史料，是件最苦的事。像老子恁么伟大的人物，我们要考他的履历，就靠的是《史记·老庄申韩列传》里头几百字，还叙得迷离惝恍。其余别的书讲老子言论行事，虽也不少，但或是寓言，或是后人假造，都没有充当史料的价值。我们根据《史记》和别的书，可怜仅得着几条较为可靠的事实：

第一，老子姓李，名耳，亦名聃。第二，他是楚国人，或说是陈国人（但陈国当时已被楚国灭了），或者是他原籍。第三，他在周朝做过"守藏史"的官，用现在名号翻出来，就是国立图书馆馆长。第四，他和孔子是见过面的，见面不知在那一年。清儒阎若璩，据《礼记·曾子问篇》，说是在鲁昭公二十四年（前五一八），孔子三十四岁（《四书释地续》）。林春溥据《庄子·天运篇》，说是在鲁定公八年（前五〇一），孔子五十一岁。依我看来，后说较为可信。因为孔子五十岁以后，思想像很变，大概是受了老子的影响。我们为什么研究这些年代呢？因为要知道老子是什么时候的人。孔子五十一岁见老子的话若真，老子若是长孔子二十岁，那时应该七十多岁，若长三十岁，应该八十多岁了。因此可以推定老子的生年，应在周简王末周灵王初，约在西历纪元前五百七八十年间了。第五，有一位老莱子，一位太史儋，和他是一人还是两人三人，连司马迁也闹不清楚。可见古代关于老子的传说很多。第六，他死在中国，《庄子·养生主篇》是有明文的。可见后来说什么“西度流沙化胡”咧，“升仙”咧，都是谣言。第七，他有个儿子名宗，曾为魏将，可以知道他离战国时甚近。

在这些材料里头，有两点应特别注意：第一，老子是楚国或陈国人，当时算是中国的南部。北方人性质，严正保守；南方人性质，活泼进取，这是历史上普通现象。所以老子学术，纯带革命的色彩。第二，他做“守藏史”这官，极有关系，因为这地位是从前宗教掌故的总汇。《汉志》所谓“史官历记成败存亡祸福古今之道，然后知秉要执本”，可见得这样高深的学术，虽由哲人创造，却也并不是一无凭藉哩。

第二节　老子的学说

我很感觉困难，因为才讲到正文，讲的便是老子。老子的学说，是最高深玄远的，而且骤然看去很像无用，恐怕把诸君的兴味打断了，所以我先奉劝诸君几句话。头一件，诸君虽然听得难懂，还须越发留心听下去，因为你的脑有一种神秘力量会贮藏识想，久后慢慢发芽。你现在虽不懂，将来要懂起来。我的讲议总可以给你一个大帮助，像吃橄榄，慢慢的会回甘哩。第二件，诸君别要说这种学问无用，因为我们要做事业要做学问，最要紧是把自己神智弄得清明，正和做生意的人要有本钱一般。像老子、庄子，乃至后来的佛学，都是教我们本钱的方法。我第一次讲学问分类的时候，说那第二类精神生活向上的学问，一部分就是指这些。这些操练心境的学问，恰恰和你们学体育来操练身体一般，万不可以说他无用。

如今讲到本题了，研究老子学说就是研究这部“五千言的《老子》”。这部书有人叫它做《道德经》，虽然是后起的名称，但他全部讲的不外一个“道”字，那是无可疑了。这书虽然仅有五千字，但含的义理真多。我替诸君理出个眉目，分三大部门来研究：第一部门是说道的本体，第二部门是说道的名相，第三部门是说道的作用。

第一　本体论

什么叫做本体论？人类思想到稍为进步的时代，总想求索宇宙万物从何而来，以何为体，这是东西古今学术界久悬未决的问题。据我想来，怕是到底不能解决。但虽然不能解决，学者还是喜欢研究他。研究的结果，虽或对于解决本问题枉用工夫，然而引起别方面问题的研究，于学术进步，就极有关系了。今为引起诸君兴味起见，要把全世界学术界对于这问题的大势，用最简略的语句稍为说明。

这个问题最初的争辩，就是“有神论”和“无神论”。有神论一派，说宇宙万有都是神创造的，然则宇宙无体，神就是他的体。我们不必研究宇宙，只要研究“神”就够了。但“神”这样东西，却是只许信仰，不许研究，所以主张有神论的，归根便到学问范围以外，总要无神论发生，学问才会成立，所谓“本体论”才会成个问题。第二步的争辩，就是“一元论”“二元论”“多元论”或是“唯物论”“唯心论”“心物并行论”，其错综关系略如下：

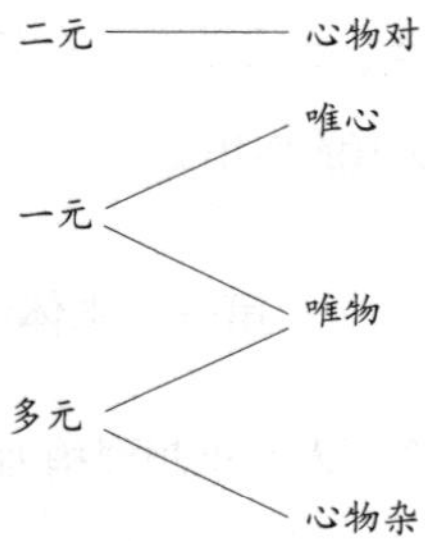

既已将神造论打破，则万有的本体，自然求诸万有的自身。最初发达的，是从客观上求，于是有一元的唯物论或多元的唯物论。一元的唯物论，当很幼稚的时代，是在万物中拈出一物认他为万物之本，如希腊的德黎士Thales，说水为万物之本，波斯教说火为万物之本；印度有地宗、水宗、火宗、风宗、空宗、方宗、时宗等。多元的唯物论，如中国阴阳家言“五行化生万物”、印度顺世外道言“四大地火水风生一切有情”等。还有心物混杂的多元论，如印度胜论宗说万有由九种事物和合而生，一地二水三火四风五空六时七方八我九意。但多元论总是不能成立，因为凡研究本体的人，原是要求个“一以贯之”的道理，这种又麻烦又有罅漏的学说，自然不能满意，所以主张唯物论的人，结果趋向到一元，印度诸外道所说的“极微”，近世欧美学者说原子的析合、电子的振动，算是极精密之一元的唯物论了。以上所说各派的人，都是向客观的物质求宇宙本体。但仔细研究下去，客观的物质是否能独立存在，却成了大问题。譬如这里一张桌子、一块黑板，拿常识看过去，都说是实有其物，但何以说他是有？是由我的眼看见，由我的心想到。然则桌子黑板，是否能离开了我们意识独立存在？假如我们一群人都像桌子一般没有意识，是否世界上还能说有这块黑板？我们一群人都像黑板一般没有意识，是否世界上还能说有这张桌子？再换一方面说，诸君今日听我说了桌子黑板之后，明天虽然把这桌子黑板撤去，诸君闭眼一想，桌子黑板，依然活活现出来。乃至隔了许多年，诸君离开学校到了外国，一想起今日的情事，桌子黑板，还牢牢在诸君心目中。这样说来，桌子黑板的存在，不是靠他的自身，是靠我们的意识。简单说，就是只有主观的存在，没有客观的存在。这一派的主张，就是唯心的一元论。

在欧洲哲学史上，唯物唯心两派的一元论，直闹了二千多年，始终并未解决。其中还常常有心物对立的二元论来调和折中，议论越发多了。再进一步，本体到底是“空”呀还是“有”呢，又成了大问题。主张唯物论的，骤看过去，好像是说“有”了，但由粗的物质推到原子，由原子推到电子、电子的振动，全靠那视而不见听而不闻的“力”，到底是“有”还是“空”，就很难说了。主张唯心论的，骤看过去，好像是说“空”了，但唯心论总靠“我”自己做出发点。“我”到底有没有呢？若是连“我”都没有，怎么能用思想呢？所以法国大哲笛卡儿有句很有名的话，说“我思故我在”，我既不“空”，那末，宇宙本体，自然也都不“空”了。所以这“空有”的问题，也打了几千年官司，没有决定。这是印度人和欧洲人研究本体论的大略形势。

佛说却和这些完全不同，佛说以为什么神咧、非神咧、物咧、心咧、空咧、有咧，都是名相上的话头，一落名相，便非本体。本体是要离开一切名相才能证得的。《大乘起信论》说得最好：

> 依一心法有二种门。一者心真如门，二者心生灭门。是二种门皆各总摄一切法……以是二门不相离故。

心真如门是说本体，心生灭门是说名相。真如的本体怎么样呢？他说：

> 是故一切法，从本已来，离言说相，离名字相，离心缘相，毕竟平等。无有变异，不可破坏。唯是一心，故名真如。以一切言说假名无实，但随妄念，不可得故。言真如者，亦无有相，谓言说之极，因言遣言，此真如体无有可遣。以一切法悉皆真故，亦无可立，以一切法皆同如故，当知一切法不可说不可念，故名为真如。

我们且看老子的本体论怎么说法。他说：

有物混成，先天地生，寂兮寥兮，独立而不改，周行而不殆，可以为天下母。吾不知其名，字之曰“道”，强名之曰大。

又说：

天法道，道法自然。

又说：

谷神不死，是谓玄牝。玄牝之门，是谓天地根，绵绵若存，用之不勤。

又说：

玄之又玄，众妙之门。

又说：

道冲而用之，或不盈，渊兮似万物之宗……湛兮似或存。吾不知谁之子，象帝之先。

又说：

视之不见名曰夷，听之不闻名曰希，搏之不得名曰微，此三者不可致诘，故混而为一……绳绳兮不可名，复归于无物，是谓无状之状，无物之象，是谓惚恍。迎之不见其首，随之不见其后。

又说：

道之为物，惟恍惟惚。惚兮恍兮，其中有象。恍兮惚兮，其中有物。窈兮冥兮，其中有精。其精甚真，其中有信。

又说：

微妙玄通，深不可识，夫唯不可识，故强为之容。

我们要把这几段话细细的研究出个头绪来。他说的“先天地生”，说的“是谓天地根”，说的“象帝之先”，这分明说道的本体，是要超出“天”的观念来。他把古代的“神造说”极力破除，后来子思说“天命之谓性，率性之谓道”，董仲舒说“道之大原出于天”，这都是说颠倒了。老子说的是“天法道”，不说“道法天”，是他见解最高处。

他说“有物混成”，岂不明明说道体是“有”吗？他怕人误会了，所以又说“视之不见……听之不闻……搏之不得……绳绳兮不可名，复归于无物”。然则道体岂不是“无”吗？他又怕人误会了，赶紧说“是谓无状之状，无物之象”。又说“惚兮恍兮，其中有象，恍兮惚兮，其中有物”。然则道体到底是有还是无呢？老子的意思以为有咧无咧，都是名相的边话，不应该拿来说本体。正如《起信论》说的：“真如自性，非有相，非无相，非非有相，非非无相，非有无俱相。”然则为什么又说有说无呢？所谓“因言遣言”，既已知我们说这“道”，不能不假定说是有物，你径认他是“有”却不对了，不得已说是“非有”，你径认他是“非有”，又不对了，不得已说是“非非有”。其实有无两个字都说不上，才开口便错。这是老子反复叮咛的意思。

究竟道的本体是怎么样呢？他是“寂兮寥兮”“视之不见，听之不闻，搏之不得”的东西，像《起信论》说的“如实空”。他是“其中有精，其精甚真，其中有信”的东西，像《起信论》说的“如实不空”。他是“独立而不改，周行而不殆”的东西，像《起信论》说的“毕竟平等无有变异不可破坏”。他是“可以为天下母”“似万物之宗”“是谓天地根”的东西，像《起信论》说的“总摄一切法”。《庄子·天下篇》批评老子学说，说他“以虚空不毁万物为实”，这句话最好。若是毁万物的虚空，便成了顽空了。如何能为万物宗为天地根呢？老子所说，很合着佛教所谓“真空妙有”的道理。

他的名和相，本来是不应该说的，但既已开口说了，只好勉强找些形容词来。所以说，“微妙玄通深不可识，夫惟不可识，故强为之容”。试看他怎么强为之容，他说了许多“寂兮寥兮”“窈兮冥兮”“惚兮恍兮，恍兮惚兮”，又说“渊兮似……”“湛兮似……”，又说“豫焉若……犹然若……俨兮若……涣兮若……敦兮其若……旷兮其若……混兮其若……”，不直说“万物之宗”，但说“似万物之宗”。不直说“帝之先”，但说“象帝之先”。不直说“不盈”，但说“或不盈”。不直说“存”，但说“绵绵若存”。因为说一种相，怕人跟着所说误会了，所以加上种种不定的形容词，叫你别要认真。

“名”也是这样，他说“吾不知其名，字之曰道，强名之曰大”，又说“是谓玄牝”，又说“玄之又玄”，又说“无状之状，无象之象，是谓惚恍”。因为立一个名，怕人跟着所立误会了，所以左说一个，右说一个，好像是迷离惝恍，其实是表示不应该立名的意思。

然则我们怎么样才能领会这本体呢，佛经上常说“不可思议”，寻常当作“不能够思议”解，是错了。他说的是“不许思议”，因为一涉思议便非本体，所以《起信论》说“离念境界唯证相应”。老子说的，也很有这个意思。他说“知者不言，言者不知”，又说“其出弥远，其知弥少”，又说“为学日益，为道日损，损之又损，以至于无为”。因为要知道道的本体，是要参证得来的，不是靠寻常学问智识得来的，所以他又说“绝学无忧”，他又说“上士闻道，勤而行之；中士闻道，若存若亡；下士闻道，大笑之。不笑不足以为道也”。道的本体，既然是要离却寻常学问智识的范围去求，据一般人想来，离却学问智识，还求个什么呢？求起来有什么用处呢？怪不得要大笑了。

第二　名相论

本体既是个不许思议的东西，所以为一般人说法，只得从名相上入手。名相剖析得精确，也可以从此悟入真理。佛教所以有法相宗，就是这个缘故。我们且看老子的名相论，是怎么样。他的书第一章，就是说明本体和名相的关系。他说道：

道可道，非常道；名可名，非常名。无名天地之始，有名万物之母。故常无，欲以观其妙；常有，欲以观其徼。此两者，同出而异名。同谓之玄，玄之又玄，众妙之门。（断句有与旧不同处应注意）

这一章本是全书的总纲，把体、相、用三件都提挈起来。头四句是讲的本体，他说："道本来是不可说的，说出来的道，已经不是本来常住之道了。名本来不应该立的，立一个名，也不是真常的名了。"但是既已不得已而立些"名"，那"名"应该怎样分析呢？他第五六两句说道："姑且拿个无字来名那天地之始，拿个有字来名那万物之母罢。"上句说的就是《起信论》的"心真如门"，下句说的就是那"心生灭门"，然则研究这些名相有什么用处呢？他第七第八两句说："我们常要做'无'的工夫，用来观察本来的妙处；又常要做'有'的工夫，用来观察事物的边际。"他讲了这三段话，又怕人将有无分为两事，便错了，所以申明几句，说："这两件本来是同的，不过表现出来名相不同，不同的名叫做有无，同的名叫做什么呢？可以叫做‘玄’。”这几句又归结到本体了。

> ［附言］老子书中许多“无”字，最好作“空”字解。“空”者像一面镜，镜内空无一物，而能照出一切物来。老子说的“无”，正是这个意。

然则名相从那里来呢？老子以为从人类“分别心”来。他说道：

> 天下皆知美之为美，斯恶已。皆知善之为善，斯不善已。故有无相生，难易相成，长短相较，高下相倾，音声相和，前后相随。

他的意思是说：“怎么能知道有‘美’呢？因为拿个‘恶’和他比较出来，所以有‘美’的观念，同时便有‘恶’的观念。怎么能知道有‘善’呢？因为拿个‘不善’和他比较出来，所以有‘善’的观念，同时便有‘不善’的观念。所谓‘有无’‘难易’‘长短’‘高下’‘前后’等等名词，都是如此。”他以为宇宙本体原是绝对的，因这分别心才生出种种相对的名，所以他又说：

> 自古及今，其名不去，以阅众甫（阅同说，众甫谓万物之始），吾何以知众甫之然哉？以此。

意谓："人类既造出种种的名，名一立了，永远去不掉。就拿名来解说万有，我们怎么样能知道万有呢？就靠这些名。"《楞严经》说的"无同异中炽然成异"，即是此意。

既已有名相，那名相的孳生次第怎么样呢？他说：

> 道生一，一生二，二生三，三生万物。

这段话很有点奇怪，为什么不说"一生万物"呢？为什么不说"一生二，二生万物"呢？又为什么不说"二生四，四生万物"呢？若从表面上文义看来，那演的式是：

> 一→二→三→万物

这却有什么道理讲得通呢？我想老子的意思，以为一和二是对待的名词，无"二"则并"一"之名亦不可得。既说个“一”自然有个“二”和他对待，所以说“一生二”。一二对立，成了两个，由两个生出个“第三个”来，所以说“二生三”。生出来的“三”成了个独立体，还等于“一”。随即有“二”来和他对待，生的“三”不止一个。个个都还等于“一”，无数的一和二对待，便衍成“万”了。所以说“三生万物”今试命一为甲，命二为乙，命所生之三，为丙丁戊己等，那演的式应该如下：

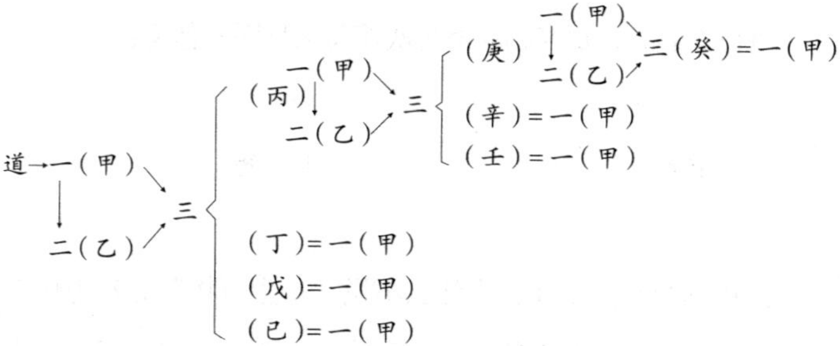

生物的雌雄递衍，最容易说明此理，其他一切物象事象，都可以说是由正负两面衍生而来。所以老子说：

天地之间，其犹橐籥乎，虚而不屈，动而愈出。

“天地”，即是“阴阳”“正负”的代表符号，亦即是“一二”的代表符号。他拿乐器的空管比这阴阳正负相摩相荡的形相，说他本身虽空洞无物，但动起来可以出许多声音，越出越多。这个“动”字，算得是万有的来源了。

然则这些动相是从那里来呢？是否另外有个主宰来叫他动？老子说：

> 道法自然。

又说：

> 莫之命而常自然。

“自然”是“自己如此”，参不得一毫外界的意识。“自然”两个字，是老子哲学的根核。贯通体、相、用三部门，自从老子拈出这两个字，于是崇拜自然的理想，越发深入人心。“自然主义”，成了我国思想的中坚了。

老子以为宇宙万物自然而有动相，亦自然而有静相，所以说：

万物并作，吾以观复，夫物芸芸，各复归其根，归根曰静。

“复”字是“往”字的对待名词，“万物并作”，即所谓“动而愈出”，所谓“出而异名”，都是从“往”的方面观察的。老子以为无往不复，从“复”的方面观察，都归到他的“根”。根是什么呢？就是“玄牝之门，绵绵若存”的“天地根”，就是“橐籥”，就是“绳绳兮不可名，复归于无物”。所以他又说：

天下万物生于有，有生于无。

这是回复到本体论了。若从纯粹的名相论上说，“无”决不能生“有”，老子的意思，以为万有的根，实在那“非有非无非非有非非无”的本体，既已一切俱非，所以姑且从俗，说个“无”字。其实这已经不是名相上的话。

老子既把名相的来历说明，但他以为这名相的观念不是对的。他说：

民莫之令而自均，始制有名，名亦既有，夫亦将知

之，知之所以不治。（从胡适校本）

这是说："既制出种种的名，人都知有名，知有名便不治了。"这话怎么讲呢？

他说：

唯之与阿，相去几何？善之与恶，相去何若？

又说：

名与身孰亲？得与亡孰病？

又说：

祸兮福之所倚，福兮祸之所伏……人之迷，其日固已久。

老子以为名相都由人类的分别心现出来。这种分别心靠得住吗？你说这是善，那是恶，其实善恶就没一定的标准，一定的距离。你想的是得，怕的是失（亡），其实得了有什么好处？失了有什么坏处呢？人人都求福畏祸，殊不知祸就是福，福就是祸。《老子》全部书中，像这类的话很多，都含着极精深的道理。我们试将他“善之与恶，相去何若”这两句来研究一下，譬如欧洲这回大战，法国人恨不得杀尽德国人，德国人恨不得杀尽英国人，试问他，你这种行为是善么？他说是善呀。为什么是善？他说是我爱国，爱国便是善。其实据我们旁观看起来，或者几十年以后的人看起来，这算得是善吗？又如希伯来人杀了长子祭天叫做善，不肯杀的叫做恶，到底谁善谁恶呢？又如中国人百口同居叫做善，弟兄分家叫做恶，到底谁善谁恶呢？老子说，“善之与恶，相去何若？”就是此意。他以为标了一个善的标准，结果反可以生出种种不善来，还不如把这种标准除去倒好些。他以为这种善恶的名称，都是人所制的，和自然法则不合，却可恨的“自古及今，其名不去”。故说是“人之迷，其日已久”。懂得这点意思，才知道他为什么说“夫礼者，忠信之薄，而乱之首”。为什么说“大道废，有仁义；慧智出，有大伪；六亲不和，有孝慈；国家昏乱，有忠臣”。为什么说“天下多忌讳，而民弥贫；民多利器，国家滋昏；人多伎巧，奇物滋起；法令滋彰，盗贼多有”。为什么说“绝圣弃智，民利百倍；绝仁弃义，民复孝慈；绝巧弃利，盗贼无有”。这些都不是诡激之谈，实在含有许多真理哩。

老子以为这些都是由分别妄见生出来，而种种妄见，皆由“我相”起。所以说，

> 吾所以有大患者，为吾有身。及吾无身，吾有何患？

这是破除“分别心”的第一要着，连自己的身都不肯自私，那么，一切名相都跟着破了。所以他说：

> 万物将自化，化而欲作，吾将镇之以无名之朴。

所谓“无名之朴”，就是把名相都破除，复归于本体了。

老子这些话对不对，我且不下批评，让诸君自由研究。但我却要提出一个问题，就是“无名之朴”和“自然主义”有无冲突。老子既说：“莫之命而常自然”，那自然的结果，是个“动而愈出”“万物并作”，老子对于这所出的所作的，都要绝他、弃他、去他，恐怕不是“自然”罢。我觉得老子学说有点矛盾不能贯彻之处，就在这一点。

第三　作用论

五千言的《老子》，最少有四千言是讲道的作用。但内中有一句话可以包括一切，就是：

> 常无为而无不为。

这句话书中凡三见，此外互相发明的话还很多，不必具引。这句话直接的注解，就是卷首那两句："常无，欲以观其妙；常有，欲以观其徼。"常无，就是常无为；常有，就是无不为。

为什么要常无为呢？老子说：

> 三十辐共一毂，当其无，有车之用。埏埴以为器，当其无，有器之用。凿户牖以为室，当其无，有室之用。故有之以为利，无之以为用。

上文说过，《老子》书中的"无"字，许多当作"空"字解。这处正是如此。寻常人都说空是无用的东西，老子引几个譬喻，说：车轮若没有中空的圆洞，车便不能转动；器皿若无空处，便不能装东西；房子若没有空的门户窗牖，便不能出入，不能流通空气。可见空的用处大着哩。所以说："无之以为用。"老子主张无为，那根本的原理就在此。

老子喜欢讲无为，是人人知道的，可惜往往把无不为这句话忘却，便弄成一种跛脚的学说。失掉老子的精神了，怎么才能一面无为，一面又无不为呢？老子说：

> 是以圣人处无为之事，行不言之教，万物作焉而不辞，生而不有，为而不恃，功成而弗居，夫唯弗居，是以不去。

又说：

> 明白四达，能无知乎？生之畜之，生而不有，为而不恃，长而不宰，是谓玄德。

又说：

> 万物恃之以生而不辞，功成而不居，衣养万物而不为主。

作而不辞，生而不有，为而不恃，长而不宰（即衣养万物而不为主），功成而不居。这几句话，除上文所引三条外，书中文句大同小异的还有两三处。老子把这几句话三翻四覆来讲，可见是他的学说最重要之点了。这几句话的精意在哪里呢？诸君知道，现在北京城里请来一位英国大哲罗素先生，天天在那里讲学吗？罗素最佩服老子这几句话。拿他自己研究所得的哲理来证明，他说："人类的本能，有两种冲动，一是占有的冲动，一是创造的冲动。占有的冲动是要把某种事物据为己有。这些事物的性质是有限的，是不能相容的。例如经济上的利益，甲多得一部分，乙丙丁就减少得一部分。政治上权力，甲多占一部分，乙丙丁就丧失了一部分。这种冲动发达起来，人类便日日在争夺相杀中。所以这是不好的冲动，应该裁抑的。创造的冲动正和他相反，是要某种事物创造出来，公之于人。这些事物的性质是无限的，是能相容的。例如哲学、科学、文学、美术、音乐，任凭各人有各人的创造，愈多愈好，绝不相妨。创造的人，并不是为自己打算什么好处，只是将自己所得者传给众人，就觉得是无上快乐。许多人得了他的好处，还是莫名其妙，连他自己也莫名其妙。这种冲动发达起来，人类便日日进化。所以这是好的冲动，应该提倡的。"罗素拿这种哲理做根据，说老子的“生而不有，为而不恃，长而不宰”，是专提倡创造的冲动。所以老子的哲学，是最高尚而且最有益的哲学。

我想罗素的解释很对，老子还说：

> 天之道，损有余而补不足；人之道则不然，损不足以奉有余，孰能有余以奉天下？唯有道者，是以圣人为而不恃，功成而不处。

“损有余而补不足”，说的是创造的冲动。是把自己所有的来帮助人。“损不足以奉有余”，说的是占有的冲动。是抢了别人所有的归自己。老子说“什么人才能把自己所有的来贡献给天下人，非有道之士不能了”。老子要想奖励这种“为人类贡献”的精神，所以在全书之末用四句话作结，说道：

> 既以为人己愈有，既以与人己愈多，天之道利而不害，圣人之道为而不争。

这几句话，极精到又极简明。我们若是专务发展创造的本能，那么，他的结果，自然和占有的截然不同。譬如我拥戴别人做总统做督军，他做了却没有我的分，这是“既以为人己便无”了。我把自己的田产房屋送给人，送多少自己就少去多少，这是“既以与人己便少”了。凡属于“占有冲动”的物事，那性质都是如此。至于创造的冲动却不然。老子、孔子、墨子给我们许多名理学问，他自己却没有损到分毫。诸君若画出一幅好画给公众看，谱出一套好音乐给公众听，许多人得了你的好处，你的学问还因此进步，而且自己也快活得很。这不是“既以为人己愈有，既以与人己愈多”吗？老子讲的“无不为”，就是指这一类。虽是为实同于无为，所以又说，“为无为则无不治”。

篇末一句的“为而不争”和前文讲了许多“为而不有”意思正一贯。凡人要把一种物事据为已有，所以有争，“不有”自然是“不争”了。老子又说：“上仁为之而无以为”，韩非子解释他，说是“生于心之所不能已也，非求其报也”（《解老篇》）。无求报之心，正是“无所为而为之”，还有什么争呢？老子看见世间人实在争得可怜，所以说：

天之道不争而善胜。

夫唯不争故无尤。

上善若水，水善利万物而不争。

江海所以能为百谷王者，以其善下之……以其不争，故天下莫与之争。

不自见故明，不自是故彰，不自伐故有功，不自矜故长，夫唯不争，故天下莫能与之争。

然则有什么方法叫人不争呢？最要紧是明白“不有”的道理。老子说：

天长地久，天地所以能长且久者，以其不自生，故能长生。是以圣人后其身而身先，外其身而身存，非以其无私耶。

老子提倡这无私主义，就是教人将“所有”的观念打破，懂得“后其身外其身”的道理。还有什么好争呢？老子所以教人破名除相，复归于无名之朴，就是为此。

诸君听了老子这些话，总应该联想起近世一派学说来。自从达尔文发明生物进化的原理，全世界思想界起一个大革命。他在学问上的功劳，不消说是应该承认的。但后来把那“生存竞争优胜劣败”的道理，应用在人类社会学上，成了思想的中坚，结果闹出许多流弊。这回欧洲大战，几乎把人类文明都破灭了。虽然原因很多，达尔文学说不能不说有很大的影响。就是中国近年，全国人争权夺利像发了狂。这些人虽然不懂什么学问，口头还常引严又陵译的《天演论》来当护符呢。可见学说影响于人心的力量最大。怪不得孟子说“生于其心，害于其政，发于其政，害于其事”了。欧洲人近来所以好研究老子，怕也是这种学说的反动罢。

老子讲的“无为而无不为”“为之而无以为”这些学说，是拿他的自然主义做基础产生出来。老子以为自然的法则，本来是如此，所以常常拿自然界的现象来比方。如说“天之道利而不害”，“天之道不争而善胜”，“天之道损有余而补不足”；又说“上善若水”，都讲的是自然状态和“道”的作用很相合，教人学他。在人类里头，老子以为小孩子和自然状态比较的相近，我们也应该学他。所以说“专气致柔，能婴儿乎？”又说“常德不离，复归于婴儿”，又说“我独泊兮其未兆，如婴儿之未孩”，又说“圣人皆孩之”，然则小孩子的状态怎么样呢？老子说：

> 含德之厚，比于赤子。……骨弱筋柔而握固……精之至也。……终日号而不嗄，和之至也。

小孩子的好处，就是天真烂漫。无所为而为，你看他整天张着嘴在那里哭，像是有多少伤心事。到底有没有呢？没有，这就是“无为”。并没有伤心，却是哭得如此热闹，这就是“无为而无不为”。老实讲，就是一个“无所为”。这“无所为主义”最好。孔子的席不暇暖，墨子的突不得黔，到底所为何来？孔子墨子若曾打算盘，只怕我们今日便没有这种宝贵的学说来供研究了。所以老子又说“众人皆有以，而我独顽似鄙”，说的是“别人都有所为而为之，我却是像顽石一般，什么利害得丧的观念都没有”。老子的得力处就在此。所以他说：“以辅万物之自然而不敢为。”又说：“功成事遂，百姓皆谓我自然。”

老子以为自然状态应该如此。他既主张“道法自然”，所以要效法他。于是拿这种理想推论到政术，说道：

> 古之善为道者，非以明民，将以愚之。民之难治，以其智多。故以智治国国之贼，不以智治国国之福。

又说：

小国寡民，使有什伯之器而不用，使民重死而不远徙。虽有舟舆，无所乘之；虽有甲兵，无所陈之。使人复绳结而用之，甘其食，美其服，安其居，乐其俗。邻国相望，鸡犬之声相闻，民至老死不相往来。

我们试评一评这两段话的价值。“非以明民，将以愚之”这两句，很为后人所诟病，因为秦始皇李斯的“愚黔首”都从这句话生出来，岂不是老子教人坏心术吗？其实老子何至如此？他是个“为而不有”的人，为什么要愚弄别人呢？须知他并不是光要愚人，连自己也愚在里头。他不说的“我独顽似鄙”“我独如婴儿之未孩”吗？他以为从分别心生出来的智识总是害多利少，不如捐除了他。所以说，“以智治国国之贼，不以智治国国之福”。这分明说，不独被治的人应该愚，连治的人也应该愚了。然则他这话对不对呢？我说，对不对暂且不论，先要问做得到做不到。小孩子可以变成大人，大人却不会再变成小孩子，想人类由愚变智有办法，想人类由智变愚没有办法。人类既已有了智识，只能从智识方面尽量的浚发，尽量的剖析，叫他智识不谬误，引到正轨上来。这才算顺人性之自然。“法自然”的主义才可以贯彻，老子却要把智识封锁起来。这不是违反自然吗？孟子说“大人不失其赤子之心”，须知所谓“泊然如婴儿”这种境界，只有像老子这样伟大人物才能做到。如何能责望于一般人呢？

像“小国寡民”那一段，算得老子理想上之“乌托邦”，这种乌托邦好不好，是别问题，但问有什么方法能令他出现，则必以人民皆愚为第一条件。这是办得到的事吗？所以司马迁引了这一段，跟着就驳他，说道：“神农以前吾不知矣。至若《诗》《书》所述，虞夏以来，耳目欲极声色之好，口欲穷刍豢之味，身安逸乐，而心矜夸势能之荣，使俗之渐民久矣。虽户说以眇论，终不能化。”（《史记·货殖列传》）这是说老子的理想决然办不到，驳得最为中肯。老子的政术论所以失败，根本就是这一点。失败还不算，倒反叫后人盗窃他的文句，做专制的护符，这却是老子意料不到的了。

老子书中许多政术论，犯的都是这病。所以后人得不着他用处，但都是“术”的错误，不是“理”的错误。像“不有”“不争”这种道理，总是有益社会的，总是应该推行的，但推行的方法，应该拿智识做基础。智识愈扩充，愈精密，真理自然会实践。老子要人灭了智识冥合真理，结果恐怕适得其反哩。

老子教人用功最要紧的两句话，说是：

为学日益，为道日损。

他的意思说道：“若是为求智识起见，应该一日一日的添些东西上去；若是为修养身心起见，应该把所有外缘逐渐减少他。”这种理论的根据在那里呢？他说：

五色令人目盲，五音令人耳聋，五味令人口爽，驰骋畋猎令人心发狂，难得之货令人行妨。

这段话对不对呢？我说完全是对的。试举一个例，我们的祖宗晚上点个油灯，两根灯草，也过了几千年了。近来渐渐用起煤油灯，渐渐用起电灯。从十几枝烛光的电灯加到几十枝几百枝，渐渐大街上当招牌上的电灯，装起五颜六色来。渐渐又忽燃忽灭的在那里闪。这些都是我们视觉渐钝的原因，又是我们视觉既钝的结果。初时因为有了亮灯，把目力漫无节制的乱用，渐渐的消耗多了。用惯亮灯了后，非照样的亮，不能看见。再过些日子，照样的亮也不够了，还要加亮。加——加——加——加到无了期，总之因为视觉钝了之后，非加倍刺激，不能发动他的本能，越刺激越钝，越钝越刺激，原因结果，相互循环。若照样闹下去，经过几代遗传，非“令人目盲”不可。此外五声五味，都同此理。近来欧美人患神经衰弱病的，年加一年，烟酒等类麻醉兴奋之品日用日广，都是靠他的刺激作用。文学美术音乐，都是越带刺激性的越流行，无非神经疲劳的反响越刺激，疲劳越甚。像吃辣椒吃鸦片的人，越吃量越大。所以有人说这是病的社会状态，这是文明破灭的征兆。虽然说得太过，也不能不算含有一面真理。老子是要预防这种病的状态，所以提倡“日损”主义，又说：

> 治人事天莫若啬。

韩非子解这“啬”字最好。他说：

> 视强则目不明，听甚则耳不聪，思虑过度则智识乱。……啬之者，爱其精神，啬其智识也。……众人之用神也躁，躁则多费，多费谓之侈。圣人之用神也静，静则少费，少费谓之啬。……神静而后和多，和多而后计得，计得而后能御万物。（《解老篇》）

这话很能说明老子的精意。老子说“去甚去奢去泰”，说“见素抱朴少私寡欲”，说“致虚极守静笃”，都是教人要把精神用之于经济的，节一分官体上的嗜欲，得一分心境上的清明。所以又说：

> 祸莫大于不知足，咎莫大于欲得，故知足之足常足矣。

凡官体上的嗜欲，那动机都起于占有的冲动，就是老子所谓“欲得”。既已常常欲得，自然常常不会满足，岂不是自寻烦恼，把精神弄得很昏乱，还能够替世界上做事吗？所以老子“少私寡欲”的教训，不当专从消极方面看他，还要从积极方面看他。他又说：“知人者智，自知者明，胜人者有力，自胜者强。”自知、自胜两义，可算得老子修养论的入门了。

常人多说《老子》是厌世哲学。我读了一部《老子》，就没有看见一句厌世的语。他若是厌世，也不必著这五千言了。老子是一位最热心热肠的人。说他厌世的，只看见“无为”两个字，把底下“无不为”三个字读漏了。

《老子》书中最通行的话，像那“不敢为天下先”，“知其雄，守其雌，为天下溪。知其白，守其黑，为天下谷”“将欲翕之，必固张之。将欲弱之，必固强之”，都很像是教人取巧。就老子本身论，像他那种“为而不有，长而不宰”的人，还有什么巧可取。不过这种话不能说他没有流弊，将人类的机心揭得太破，未免教猱升木了。

老子的大功德，是在替中国创出一种有统系的哲学。他的哲学，虽然草创，但规模很宏大，提出许多问题供后人研究。他的人生观，是极高尚而极适用。《庄子》批评他，说道：“以本为精，以末为粗，以有积为不足，淡然独与神明居。……常宽容于物，不削于人，可谓至极，关尹老聃乎？古之博大真人哉！”这几句话可当得老子的像赞了。

第二编　孔子

他发达的径路，很平易近人，无论什么人，都可以学步。所以孔子的人格，无论在何时何地，都可以做人类的模范。我们和他同国，做他后学，若不能受他这点精神的感化，真是自己辜负自己了。

第一节　孔子事迹及时代

一、孔子事迹

孔子事迹流传甚多，但极须慎择。如《孔子家语》《孔丛子》两书，其材料像很丰富，却完全是魏晋人伪作，万不可轻信。《史记》算是最靠得住的古书，然而传闻错误处也不少。所以《孔子世家》也不能个个字据为事实，只好将他作底本，再拿《左传》《论语》《礼记》及其他先秦子书来参证，或可以比较的正确。本书并非史传，所以不必详考事迹，但将孔子一生生涯分出几个大段落，列一极简单的表便够了。

周灵王二十年，即鲁襄公二十一年（前五五一），孔子生。

孔子本宋国人，其曾祖始迁于鲁。

孔子少孤，其母与其父非正式结婚。

孔子二十岁左右为贫而仕，尝为季氏之委吏乘田等官。

孔子二十四岁丧母，有门人助葬。

孔子三十六岁鲁季氏逐昭公，孔子避乱适齐。

孔子三十八岁自齐反鲁，门人益进。

孔子四十八岁阳虎囚季氏，欲用孔子，孔子不仕。

孔子五十一岁见老子。

孔子五十二岁初仕为中都宰。

孔子五十三岁相鲁定公，会齐侯于夹谷。

孔子五十五岁为鲁司寇，堕三都。

孔子五十六岁去鲁适卫。

孔子五十六岁至六十九岁历游卫、曹、陈、宋、蔡、郑、楚诸国，居卫最久，陈次之。

孔子六十九岁自卫反鲁，修《诗》《书》，定《礼》《乐》，作《易传》。

孔子七十二岁作《春秋》。

孔子七十四岁卒，时鲁哀公十四年、周敬王四十一年（前四七九）。

综合各书所记孔子事迹，有应注意的几点如下：

（一）孔子出身甚微，不过一羁旅之臣，并非世族，而且是庶孽。

（二）孔子教学甚早，《礼记·檀弓》记孔子葬母，门人助葬，其时孔子仅二十四岁。

（三）孔子政治生涯甚短。宰中都，相夹谷，都算不得什么事业。孔子的政治生涯，其实只在五十五岁那一年。最大的事实，就是堕三都，目的在打破贵族政治，但是完全失败了。

（四）孔子游历地甚少。后人开口说孔子周游列国，《史记》也说孔子干七十二君，其实他到过的国只有周、齐、卫、陈，或者到过楚国属地的叶。那宋、曹、郑三国，经过没有住。算起来，未曾出过现在山东、河南两省境外。

（五）孔子著书甚迟。自卫反鲁后，始删定“六经”，其时已六十九岁，距卒前仅五年。

二、孔子所处之环境

（一）鲁、卫在古代文化史上之位置。鲁为周公封国，具天子礼乐（《礼记·明堂位》），伯禽初之国，变其俗，革其礼（《史记·鲁世家》）。所以文武周公时代的文化，传在鲁国的最多。后来诸姬之国，都认他做宗国（《孟子·滕文公上》）。吴季礼聘鲁，乃尽见各国的诗与乐（《左传·襄二十九年》）。晋韩宣子聘鲁，观书于太史氏，曰：“周礼尽在鲁矣！”（《左传·昭二年》）孔子生在此国，自然受的感化甚多。一方面为文献荟萃，能开出一种集大成的学术；一方面当然含有保守性质。卫为殷故墟，乃前代文化中心。史称其多君子，在春秋时，程度和鲁国不相上下。孔子在卫很久，亦蒙他的影响，而孔子弟子，亦卫、鲁两国人最多。

（二）霸政之衰息。其时正值晋楚弭兵之后，晋霸已衰，楚亦不竞，而吴越方相继崛起于南。当霸政时，各国不甚敢互相攻伐，人民尚稍得苏息。到这时兼并之祸又渐起了。前此各国内政往往受盟主干涉，不敢十分横行（《孟子》引齐桓葵丘之会，凡有五命，多涉各国内政），到这时，益发无复顾忌了。孔子所亲见亲历的，周则王子朝攻逐敬王，鲁则季氏逐昭公，阳虎囚季氏，卫则蒯聩出公父子争国，齐则崔杼、陈恒先后弑君，楚则平王弑灵王，吴则阖庐弑王僚。此外各国小篡乱尚多，纯然是乱臣贼子的时代。孔子生当此时，所以正名分弭祸乱的思想，不得不起。

（三）贵族政治之堕落。春秋中叶，算是我国贵族政治全盛时代。那时的贵族，实在能做社会的中坚，而且帮助社会发达。到孔子时，渐渐堕落了。如晋的荀、韩、魏、赵、范、中行，齐的崔、庆、高、陈都是互相残杀。观叔向与晏婴私语，互相叹息于季世齐国的情状，是民参其力二入于公而衣食其一，公聚朽蠹而三老冻馁，国之诸市，屦贱踊贵。晋国的情状，是庶民罢敝而宫室滋侈，道殣相望而女富溢尤，民闻公命，如逃寇雠，政在家门，民无所依，君日不悛，以乐慆忧。（《左传·昭三年》）晋、齐是两个大国，为贵族政治的模范，今堕落到如此，其他可以类推。所以改造社会，破坏贵族政治，实为当时迫切的要求。

（四）社会思想之展开。试留心一读《左传》，可以看出上半部和下半部很有不同，上半部所记名人的议论多涉空泛，而且都带点迷信的色彩；下半部差多了，内中有许多极精的名理，如子产、叔向、蘧伯玉、晏子、季札、苌弘等辈，尤为精粹。在学术思想史里头，都很有价值。那时创立学派的人，老子是不用说了。像关尹，庄子拿他与老子并称，都叫做博大真人（《天下篇》），像邓析操两可之说设无穷之辞（见《列子》），像史鳝邦有道如矢，邦无道如矢（见《论语》），忍情性，綦溪利跂，苟以分异人为高（见《荀子·非十二子篇》）。这些人都是和孔子同时，各人有特别见解。《论语》记棘子成曰："君子质而已矣，何以文为？"又记："或曰：以德报怨，何如？"这棘子成和那"或人"，都是有一种反抗时势的主张。还有《论语》里头许多隐姓埋名的人，如荷蒉、晨门、楚狂接舆、丈人、长沮、桀溺等辈，主张极端的厌世主义。这都是因为社会变迁，渐渐产出些新宇宙观、新人生观出来。在这种机运里头，所以能产出孔子这样伟大人物。

第二节　研究孔子学说所根据之资料

研究孔子学说，不像老子那样简单了，因为他的著述和他的言论流传下来的很多。他学问的方面也很复杂，不容易理出个头绪来，所以先要将资料审查一回，再行整理。

孔子有著作没有呢？据他自己说述而不作，我们自然不应该说他有著作。然则后人说孔子删定“六经”是造谣言吗？其实亦不然。“六经”虽然都是旧日所有，经过孔子的手，便成为孔子的“六经”。所以说“六经”是孔子的著述，亦未为不可。但这六部经里头添上孔子的分子之多少，各经不同。今以多少为次序，分别论之。

（一）《礼》　《礼经》就是《仪礼》十七篇（虽有“经礼三百，曲礼三千”之说，但其书无可考）。这十七篇，都是讲的仪注，大约是一种官书，像唐的《开元礼》、清的《大清通礼》一般，内中未必有孔子手笔。孔子教人，大概是一面习这些礼仪，一面讲礼的精意。讲礼的精意，散在《论语》《礼记》等书内，至于这部《礼经》，不见得有什么改订。

（二）《诗》与《乐》　《史记》称：“古者《诗》三千余篇，孔子去其重，取可施于礼义……故曰：‘关雎之乱以为风始，鹿鸣为小雅始，文王为大雅始，清庙为颂始。’三百五篇，孔子皆弦歌之，以求合韶武雅颂之音。”（《孔子世家》）据此像古《诗经》孔子删去的很多，然《左传》所载朝聘燕享，皆有赋诗。所赋的诗，在今本三百五篇以外的甚少。吴季札聘鲁听乐，所听亦不出今本《国风》。此皆在孔子以前。可见当时通行的诗，不外此数。或者孔子把他分一分类立出风、雅、颂等名目，或者把次序有些改正。至于诗篇，怕未必有什么损益。然则孔子对于这部《诗经》有什么功劳呢？我说他的功劳不在删诗而在正乐。诗书礼乐古称四术。（《礼记·王制》）《史记》称孔子以诗书礼乐教弟子，而《论语》雅言，只有诗书执礼，何故不言乐呢？乐与诗相依，离诗无乐，离乐无诗。所以《乐经》是没有的。乐就是乐谱，如何能有经呢？《论语》子曰：“吾自卫反鲁，然后乐正，雅颂各得其所。”可见正乐即是正诗。《史记》说“皆弦歌之以求合韶武雅颂之音”，解说得最明白。大概孔子极好音乐，而且极精，他在齐闻韶，“三月不知肉味”（《论语》）。他从师襄学鼓琴，因曲推到数，因数推到志，因志推到为人。（《史记·孔子世家》）他能教导老乐官太师挚（《论语》），可见他音乐的天才和造诣，不同寻常。从前的诗，是否都能入乐，不敢断定。但这三百五篇，孔子一定都把他谱出来，或者从前旧谱有不对的，都把他改正。所以说“然后乐正，雅颂各得其所”。《庄子》说“诵诗三百，歌诗三百，弦诗三百，舞诗三百”，可见篇篇诗不惟能诵，而且都能歌能弦能舞。孔子的精力用在这里头的，怕着实不少。他把诗乐正定之后，自己很得意。他说“关雎之始，师挚之乱，洋洋乎，盈耳哉”（《论语》），很有踌躇满志的口气。诗乐之教，是孔门最重要的功课。拿现在的话来讲，就是文学音乐合为一体，用作教育基本。所以他的弟子子游做武城宰，就把全城都哄起弦歌之声来。（《论语》）这就是乐教，也就是诗教。可惜后世乐谱失传，我们只能诵诗，不能弦诗、歌诗、舞诗了。孔子在《诗经》上所费的精力，我们连影子都得不着。所以现在这部《诗经》，只能当作研究古代社会情状的资料，不能当作研究孔子学说的资料。

（三）《书》　《尚书纬》说孔子求得黄帝元孙帝魁之书，迄于秦穆公凡三千二百四十篇，断远而定近，可以为世法者，百二十篇。此说虽不甚可信，但《书经》总许是孔子从许多古书里头删选出来，因为子书中常引《商志》《周志》《商书》《周书》等文，非今本所有。就是现存这部《逸周书》，也不见得是后人伪造，大概是孔子删剩下的了。现存《尚书》二十八篇，是否孔子的足本，尚难断定。但我们从他分别去取里头，也可以推见孔子学说的一部分，即如他拿《尧典》做第一篇，一定不是毫无意义。司马迁说："学者多称五帝尚矣，而《尚书》独载尧以来。"（《史记·五帝本纪赞》）孔子把古代神话，一笔勾销，就是他的特识。此外《尚书》的文字，或者还有许多经孔子润色过，所以研究孔子学说，这部书很应留意。

（四）《易》　诗书礼乐，都可以说述而不作，《易经》总算述而作，《春秋》便作而不述了。现存的《易经》，除卦辞爻辞为孔子以前旧本外，其他皆孔子所作。内六十四条《彖辞》，六十四条《卦象辞》，三百八十四条《爻象辞》，完全是孔子亲笔做的，毫无疑义。还有一篇《文言》，两篇《系辞》，一篇《说卦》，据《史记》说都是孔子自著。但《文言》《系辞》里头有许多"子曰"，又像是弟子所记。至于《说卦》和《序卦》《杂卦》这三篇，恐怕有点靠不住。要之《彖传》《象传》《系辞》《文言》，我们总应该认为孔子的易学。这是孔子哲学的中坚，研究孔子学说最要紧的资料。

（五）《春秋》　孟子说孔子惧，作《春秋》，现行这部《春秋》，完全是孔子作的，但他的底本仍因《鲁史》，所以说他是述亦得。《春秋》是一部极奇怪的书。孔子的政治理想，都在里头，自然也是研究孔子学说最要紧的资料。这书的性质，下文再详述。

除“六经”以外，孔子别无著作。汉人说《孝经》是孔子所作。《孝经》开卷两句是“仲尼居，曾子侍”，即此可见不惟不是孔子所作，并不是曾子所作了。宋人更说《大学》是孔子所作，那更毫无凭据，不必深辩。除孔子自己著述之外，还有别的书可充研究孔子学说的资料，但很要分别审择。

（一）《论语》　《论语》的价值，人人共知，不待说明。但有一点应注意，这部书大概是有子、曾子的门人共同编辑的。所以书中记别的弟子，虽颜渊、子路，也只是呼他的字，惟独此两人尊称曰子，而且第一章是记孔子的话，第二章便是有子的话，第三章是孔子的话，第四章便是曾子的话，可见是渊源有自了。我们为什么研究这些呢？因为孔门派别不同。一派所记，不见得能包举孔学真相。《荀子》说有子游氏之儒、子夏氏之儒、子张氏之儒（《非十二子篇》），《韩非子》说有八儒（《显学篇》）。据孟子说，子夏、子游、子张以有若似圣人，欲以所事孔子事之，强曾子，曾子不可；则曾子和有子不同派，似无疑义。子夏、子游、子张，或都是有子一派，也未可知。然而无论如何，这两派都不能完全代表孔学。所以《论语》这部书，虽然是很可宝贵的资料，却不能据他来抹杀别的资料。

（二）《礼记》　《礼记》是七十子后学者所记，其中还许有汉人的手笔。平均算起来，价值自然比不上《论语》，但内中亦有比《论语》还强的。如《中庸》，如《礼运》，记许多孔子的话，都可以补《论语》所不及。其余各篇，凡引子曰子言之诸文句，我们只好信任他，认为孔子所说。此外平叙泛论之文，虽或多半祖述孔子，但越发要别择了。《大戴礼记》性质和《礼记》一样，但较粗驳，价值又低一层。

（三）《春秋》三传　《公》《榖》两传为口说传授、直接解释《春秋》之书，应认他全部为孔子学说。《左传》系记事之书，内中引孔子的话，也应绝对信任。

（四）《孟子》《荀子》　孟、荀为儒家后起两大师，两书中所述孔子言论行事，应绝对信任。

（五）其他先秦子书儒家以外各子书，所述孔子言论行事，可信的程度自然较差，但也不可抹杀。内中如《庄子》，就有许多很有价值的资料，可惜寓言十九，别择颇难。《墨子》为孔学正面的反对派，凡他所引都是拿来做批评的资料，极当注意。

（六）《史记》　《史记》为古代独一无二的史书。司马迁又是宗法孔子的人，他的话自然比较的可信。但他选择资料并非十分严确，也不宜一一盲从。

（七）其他汉以后这类书价值越减少了，内中董仲舒的《春秋繁露》、韩婴的《韩诗外传》、刘向的《说苑》《新序》，十成中有二三成可采。至于晚出的《孔子家语》《孔丛子》，应该绝对排斥。

第三节　孔子提纲

一、学

《论语》头一句，说："学而时习之"，此外说"学"字的很多。到底孔子说的"学"是学个什么？怎么个学法？胡适之说孔子的学，只是读书，只是文字上传受来的学问。（《中国哲学史大纲》第五章）这话对吗？哀公问弟子孰为好学？孔子就举了一位颜回，还说"不幸短命死矣，今也则无，未闻好学者也"。我们在《易经》《论语》《庄子》里头看见好几条讲颜回的，就找不出他好读书的痕迹。他做的学问，是"屡空"，是"心斋"，是"克己复礼"，是"不改其乐"，是“不迁怒不贰过”，是“无伐善无施劳”，是“有不善未尝不知，知之未尝复行”，是“有若无，实若虚，犯而不校”，是“仰之弥高，钻之弥坚，瞻之在前，忽焉在后”，都与读书无关。若说学只是读书，难道颜回死了，那三千弟子都是束书不观的人吗？孔子却怎说“未闻好学”呢？他自己说：“吾十有五，而志于学”。难道他老先生十五岁以前，连读书这点志趣都没有吗？这章书跟着说“三十而立”……等句，自然是讲历年学问进步的结果，那“立”“不惑”“知命”“耳顺”“不逾矩”这种境界，岂是专靠读书能得的？所以我想，孔子所谓“学”，是要学来养成自己的人格。那学的门径，大略可分为二：一是内发的，二是外助的。（这两种学问的条理，下文再详。）孔子觉得外助方面，别的弟子都还会用功；内发方面，除了颜回，别人都没甚成绩，所以说“未闻好学”。至于外助的学问，也有多端，读书不过其一端。《易·象传》所谓“多识前言往行以畜其德”，就是这一类的学问，然孔子并不十分重他。他说“多闻择其善者而从之，多见而识之，知之次也”，是说这类学问为次等的。又说：“赐也，汝以予为多学而识之者与？”对曰：“然。非与？”曰：“非也。予一以贯之。”这分明说多读书死记，不是做学问的好方法了。至于《论语》里头的学字，可以当作读书解的，原也不少。这是因问而答，专明一义，不能掇拾三两句来抹杀别的。大抵孔子讲外助的学问，“博之以文，约之以礼”，算是两个紧要条件，然结果不过得个“亦可以弗畔”，原非学问的究竟。若专做“博学于文”一句，便连外助的学问也成了跛脚。所以他又说：“行有余力，则以学文。”据此说来，读书倒变成了随意科，不是必要科了。这一段是我解释学个什么的问题。

二、一贯　忠恕

今试解释怎么学法的问题。方才引孔子告子贡的话，说自己不是“多学而识”，是“一以贯之”，到底“一”是个什么？怎么贯法？可惜孔子不曾说明，子贡也不曾追问。幸而孔子又有一天跑到曾子自修室里头，忽然说了一句：“参乎，吾道一以贯之。”曾子答应一个字：“唯。”他老先生一声不响就跑了。那些同学摸不着头脑，围着问曾子。曾子说出个“夫子之道，忠恕而已矣”。好了好了，知道“一贯”就是“忠恕”了。还有一回，子贡问：“有一言而可以终身行之者乎？”孔子答：“其恕乎？己所不欲，勿施于人。”恕字是做学问最要紧的一个字。更明白了，却是又生出个问题：忠恕两个字怎么解法呢？拿忠恕怎么就能贯一切呢？这要从实践方面、智识方面来会通解释。朱子说“尽己之谓忠，推己及人之谓恕”，本来解得甚好，可惜专从实践伦理方面讲，未免偏了。《大戴礼·孔子三朝》记孔子说的“知忠必知中，知中必知恕，知恕必知外。……内思毕心曰知中，中以应实曰知恕，内恕外度曰知外”。章太炎引这段话，下一个解释说：“周以察物曰忠，心能推度曰恕。”也解得甚好，可惜专从研求智识方面讲，又未免偏了。我想忠恕、一贯是要合这两方面讲，两方面本来是可以会通的。在文“中心为忠”，“如心为恕”。中心为忠，即是拿自己来做中坚的意思。充量的从内面穷尽自己心理的功能，就是“内思毕心”，就是“尽己”。《中庸》说“唯天下至诚，为能尽其性”，又说“诚者自成也”。诚字就可当忠字的训诂。毕心尽性自成，拿现在的流行语讲，就是发展个性。从实践方面说，发展个性是必要；从智识方面说，发展个性也是必要。这是忠的一贯。用自己的心来印证，叫做如心。从实践方面说，是推己及人；从智识方面讲，是以心度物。（《声类》：“以心度物曰恕。”）孟子说：“古之人所以大过人者无他焉，善推其所为而已矣。”推字就是恕字的训诂。从实践方面讲，将自己的心推测别人，照样的来待他，就是最简易最高尚的道德。消极的推法是“施诸己而不愿，亦勿施诸人”，是“所恶于上，毋以使下；所恶于下，毋以事上；所恶于前，毋以先后；所恶于后，毋以从前；所恶于右，毋以交于左；所恶于左，毋以交于右。”积极的推法，是“己欲立而立人，己欲达而达人”，是“老吾老，以及人之老；幼吾幼，以及人之幼”。从智识方面讲，将已知的事理，推到未知的事理，就是最有系统的学问。演绎的推法，是“举一隅则以三隅反”，是“闻一以知二，闻一以知十”；归纳的推法（日本高山林次郎著的《论理学》说归纳法亦是推论），是“好问而好察迩言”，是“察言而观色，虑以下人”，是“文理密察足以有别”，是“本诸身，征诸庶民”，是“能近取譬”。如此实践方面、智识方面都拿恕的道理来应用，就是恕的一贯。

有人问：“据此说来，不是一以贯之，是两以贯之了。”其实不然。因为人类是同的，所以孟子说：“至于心独无所同然乎？”心既有所同然，所以发达自己个性，自然会尊重别人的个性，所谓“能尽其性则能尽人之性”，故即忠即恕。又非尊重别人的个性，不能完成自己的个性，所谓“不明乎善不诚其身”，所以即恕即忠。忠恕两字，其实是一事，故说一以贯之。后来荀子说的“以一持万”，就是这个意思。

仔细看来，孔子讲学问，还是实践方面看得重，智识方面看得轻。他拿学与思对举，说道：“学而不思则罔，思而不学则殆。”有人拿康德讲的“感觉无思想是瞎的，思想无感觉是空的”，这两句话来解释他。果然如此，那思与学都是用来求智识了。我说不然。孔子说的思，算得是求智识的学问；说的学，只是实行的学问，和智识没有什么关系。所以他屡说的“学而不厌，诲人不倦”，有一回却说“为之不厌，诲人不倦”，可见得学只是为了“学而不思则罔”，是说若只务实行不推求所以要实行之故，便是盲从。“思而不学则殆”，是说若仅有智识不求实行，便同贫子说金，终久是空的。所以两样不可偏废。但他又说：“吾尝终日不食，终夜不寝，以思，无益，不如学也。”这分明说实行比智识更重要了。所以求智识的学问，到墨子、荀子之后才发达，孔子学说在这里头，占不着重要位置。

三、仁　君子

前文说孔子所谓学，只是教人养成人格。什么是人格呢？孔子用一个抽象的名来表示他，叫做“仁”；用一个具体的名来表示他，叫做“君子”。

《中庸》《表记》都说“仁者人也”，孟子亦说“仁也者人也”，这是仁字最确切的训诂。在文，仁从二人，是有两个人才表示出仁字的意思。所以郑康成解“仁者人也”，他说人，“人也，读如相人偶之人”（《礼记·中庸》注）。“相人偶”的人字，汉朝有怎么别的读法，虽不可考，但“相人偶”三个字却好极了。偶就是“耦而耕”的耦。“相人偶”，是人与人相互的意思。人与人相互，才能证现出一个抽象的人格（即仁）。曲尽人与人相互之道，人格才算完成，才可以算得一个人。《论语》中许多仁字；各人问仁，孔子答的都不同。若懂得仁字是人格的抽象名词，句句都通了。若从旧说，只说仁是“爱人”，便到处窒碍。“仁者不忧”，为什么爱人的人便无愁呢？“仁者，其言也讱”，难道爱人的人一定要少讲话吗？“颜渊问仁”，孔子答的“克己复礼”；“仲弓问仁”，孔子答的“如见大宾”“如承大祭”，这又和爱人有什么关系呢？可见孔子说的仁，只是教人怎样子做人，只是教人能尽其性，能尽其性，自然能尽人之性。《论语》中说出仁的内容有种种，都是完成人格必要的条件。

孔子有个理想的人格，能合着这种理想的人，起个名叫做“君子”。我记得五年前曾在贵校演讲过一次，题目是《孔子之人格教育与君子》，谅来各位还有听过记得的。今且把他简单重述一同。君子这个名词，和英语的Gentleman最相类。Gentleman要想下个恰当的训诂，极不容易，因为他是表示一种崇高优美的人格，所以内容包含得很丰富。孔子说的君子，正是如此。君子、小人从前不过为区别阶级地位的名词（如《孟子》之君子、野人），后来渐变为区别品格的名词。孔子指出种种标准，作为人格的模楷。能合这标准，才许他是君子。他的标准是那些呢？因为孔子的话，多半是门弟子记述传下来，大都是因人施教，所以没有个有系统的标准。我们想求得他，最好是先将《易经》六十四条的卦象传，“君子以自强不息”，“君子以厚德载物”，“君子以……”“君子以……”都录下来，再将《论语》所说的君子全数录出，再将《礼记》及他书引孔子讲君子的话，简择录出，然后分类排比，列为纲目，或者可以求出个总标准来。要之孔子之教，是要人践履这人格的标准，人人有士君子之行。《公羊传》是孔子最后的理想。

孔子讲的人格标准，凡是人都要遵守的，并不因地位的高下生出义务的轻重来。常人开口便说：“孔子之教是三纲五伦。”这话很要仔细考究。五伦说是孔子所有，三纲说是孔子所无。诸君不信，试将孔子自著的书和七十子后学者记孔子的话一字不漏的翻读一遍，看是否有“君为臣纲、父为子纲、夫为妻纲”这种片面的伦理学说。我们只听见孔子说：“父父子子，兄兄弟弟，夫夫妇妇，而家道正。”（《易经·家人卦》）我们只听见孔子说：“君君臣臣，父父子子。”（《论语》）还听见董仲舒解这两句话，说道：“父不父则子不子，君不君则臣不臣耳。”（《春秋繁露·玉杯篇》）倒像责备臣子反较宽，责备君父反较严了。孔子说的“君君臣臣，父父子子”，是从“仁者人也”，“人者人也”，演绎出来。既做人便要尽人道，在人里头做了君，便要尽君道，做了臣便要尽臣道，“为人君，止于仁；为人臣，止于敬；为人子，止于孝；为人父，止于慈；与国人交，止于信。”全然是相互的关系，如此才是“相人偶”。所以孔子所说，是平等的人格主义。

四、（原缺）

五、礼

孔门教的普通学，就是礼乐。为什么如此注重他呢？因为认他是涵养人格的利器。

礼的起原本甚古，但到孔子时，意义已经屡变，范围愈扩愈大。（参见胡氏《中国哲学史大纲》页一三四——一三八）从训诂上，可以考出他的变迁：

狭义的礼：“礼，所以事神致福。从示从丰，丰亦声。”（《说文》）

广义的礼："礼者履也。"（《尔雅》，《说文》，《礼记·仲尼燕居》《祭义》，《荀子·大略篇》）

最广义的礼："礼者理也。"（《礼记·乐记》《仲尼燕居》，《荀子·礼论》）

礼字本义，不过从祭器出来，所以《礼运》说："礼所以傧鬼神。"又说："礼之初始于饮食，其燔黍捭豚，污尊而抔饮，犹若可以致其敬于鬼神。"可知最古的礼，不过是宗教上一种仪式。凡初民种种制度，大半从宗教仪式增广蜕变而来。例如印度的《摩奴法典》，本是教规，后来变成法律。我国的礼，也是这样，渐渐把宗教以外一切社会习惯都包含在礼的范围内，礼字成了人人当践履的意义。所以《易·象传》说："非礼弗履。"《祭义》说："礼者履此者也。"《荀子·大略篇》说："礼者人之所履也。"《尔雅·释言》亦说："履，礼也。"礼变成一切行为的轨范了。古代政教合一，宗教上的仪典和国家社会的法制，往往合为一炉，无甚分别。历代帝王，常采集社会上公认的行为轨范，编成一代的礼。所以说"非天子不议礼，不制度"（《礼记·中庸》），说"三王异世不相袭礼"（《礼记·乐记》）。所以有夏礼、商礼、周礼种种不同。（《论语》）到这时候，礼的性质，和法律差不多，成为社会上一种制裁力。所以《左传》里头，替礼字下了许多解说：

> 夫礼，所以整民也。（《庄二十三年》曹刿语）
>
> 礼，国之干也。礼不行则上下昏，何以长世？（《僖十一年》内史过语）
>
> 礼，政之舆也。（《襄二十一年》叔向语）
>
> 礼，王之大经也。（《昭十五年》叔向语）
>
> 夫礼，天之经也，地之义也，民之行也。（《昭二十五年》子太叔述子产语）

此皆孔子以前贤士大夫对于礼的观念。到了孔门，此种观念，益加发达。如：

> 礼者，君之大柄也。（《礼记·礼运篇》）
>
> 礼者，人主之所以为群臣寸尺寻丈检式也。（《荀子·儒效篇》）
>
> 礼者，法之大分，群类之纲纪也。（《荀子·劝学篇》）

据此看来，礼的性质，简直与法无甚差别。虽然，有很不同的一点，是：

> 礼者禁于将然之前，而法者禁于已然之后。（《大戴礼记·礼察篇》）

所以又说："出于礼者入于刑。"当孔子时，法家学派，虽未完全成立，然法治与礼治两种主义之优劣，在士大夫中已成为问题。观叔向、子产辩论之言可见。（《左传·昭六年》）孔子是绝对的主张礼治反对法治的人，所以说：

> 道之以政，齐之以刑，民免而无耻；道之以德，齐之以礼，有耻且格。（《论语·为政》）

孔子的意思，以为（一）法不过事后消极的裁制，礼才是事前积极的裁制，直接的效果，已经悬殊。（二）法的裁制力是他动，礼的裁制力是自动，间接的效果，影响非巨。所以说：

> 礼云礼云，贵绝恶于未萌，而起敬于微眇，使民日徙善远罪而不自知也。（《大戴礼记·礼察篇》）

孔子以为礼的作用，可以养成人类自动自治的良习惯，实属改良社会的根本办法。他主张礼治的主要精神在此。然则礼为什么能有这种作用呢？他说：

礼者，因人之情而为之节文以为民坊者也。（《礼记·坊记》）

礼所以能发生作用，最重的要素是因人之情。《礼运》有几段说得最好：

人情以为田……何谓人情？喜怒哀惧爱恶欲七者不学而能。

饮食男女，人之大欲存焉；死亡贫苦，人之大恶存焉。故欲恶者，心之大端也。人藏其心，不可测度也……欲一以穷之，舍礼何以哉？

宋以后儒者，都说人欲是不好的，是应该屏绝的。孔门却不然，他的礼教，就是从情欲的基础上建设出来。但他以为情欲虽不可无，却是要节。《乐记》说：

人生而静，天之性也；感于物而动，性之欲也。物至知知，然后好恶形焉。好恶无节于内，知诱于外，不能反躬，天理灭矣。夫物之感人无穷，而人之好恶无节，则是物至而人化物也。

《荀子》亦说：

礼起于何也？曰：人生而有欲，欲而不得则不能无求，求而无度量分界则不能不争，争则乱，乱则穷。先王恶其乱也，故制礼义以分之，以养人之欲给人之求，使欲必不穷乎物，物必不屈于欲。（《礼论篇》）

这两段说对于外感的节制，最为精到。还有对于内发的节制，子游说：

有直道而径行者，戎狄之道也。礼道则不然。人喜则斯陶，陶斯咏，咏斯犹（郑注："犹，当为摇。"），犹斯舞，愠斯戚，戚斯叹，叹斯辟（郑注："辟，拊心也。"），辟斯踊矣，品节斯，斯谓礼。

礼的最大作用，就是个节字。所以《荀子·大略篇》说："礼，节也。"《乐记》亦说："礼节民心。"《中庸》说："喜怒哀乐发而皆中节。"靠的就是这个。《韩非子·解老篇》说："礼者，外节之所以谕内也。"算得礼字最简明确切的训诂了。

以上所引，虽不全是孔子亲说的，但孔子礼教的精意，确是如此。孔子既已把礼的观念，扩充得如此其大，自然不是从前的仪式所能限制。所以《礼运》说：

> 礼也者，义之实也。协诸义而协，则礼虽先王未之有，可以义起也。

既于仪式之外，别有抽象的礼意，那仪式的礼，倒反不必拘泥了。所以《左传》记：

> 子太叔见赵简子，简子问揖让周旋之礼。对曰："是仪也，非礼也。"（《昭二十五年》）

可见当时讲礼，已有弃形式取精神的倾向。孔子说：

礼云礼云，玉帛云乎哉？

最可以表现这种精神。子太叔引子产的话，说礼是天之经、地之义、民之行，礼字的意义，已经不是“履也”所能包举了。到《乐记》，更说：

礼也者，理之不可易者也。

这算是礼的最广义了。孔子答颜渊，说：“克己复礼为仁。”这个礼字，应从最广义解。

孔门重礼教的缘故，除了以上所述外，还有一个重大的理由，是拿习礼当作一种体育。《礼运》说：

礼，所以固肌肤之会、筋骸之束也。

这话怎么讲呢？孔子说：

庄敬日强，安肆日偷，君子不以一日使其躬儳焉如不终日。

孔子以为人若常常把精神提起，体魄自然强壮，若散散慢慢过日子，便养成偷惰的习惯，整个人变成暮气了。习礼以庄敬为主，最能抖擞精神，所以说“固肌肤之会、筋骸之束”。“仲弓问仁”，孔子告以“出门如见大宾，使民如承大祭”，又告子张说：“无大小，无众寡，无敢慢”。都是这个意思。对什么人对什么事，都无敢慢，是修养身心最好的方法。这就叫做“约之以礼”（约是约束之意）。

孔子既已认礼是一种体育，所以常常要习他。但习的到底是那几种礼呢？《中庸》说“礼仪三百、威仪三千”，这些都是些什么，如今没有考据。但就现存的《礼经》十七篇而论，天子诸侯朝聘燕享那部分，当然是不习的；丧礼那部分，当然是不习的；冠昏祭那几部分，怕也不好习。然则孔门习的是什么？我想最通行的就是乡饮酒礼和射礼。《史记·孔子世家》说汉时的儒生还常常习礼乡饮大射于孔子家。《礼记·射义》记“孔子射于矍相之圃，观者如堵墙”。大概这两种礼是孔门当习的。两种都是团体运动，射礼分耦还含有团体竞争意味。孔子说：“君子无所争，必也射乎？”我想孔子生在今日，定然是打球大家。那时若有学校联合运动会，那些阙党童子军怕总要夺标哩。

六、乐

第二节讲孔子正诗正乐，可见孔子原是一位大音乐家了。他不但自己嗜好，还拿来做他学堂里的必修科目。他如此重乐，有什么理由呢？《乐记》一篇，发挥得最透彻。《乐记》下乐的定义，说道：

> 夫乐者，乐也，人情之所不能免也。乐必发于声音，形于动静。……性术之变，尽于此矣。

这是说明乐之本质，就是人类好快乐的本性。这种本性发表在声音动静上头，叫做音乐。又说：

> 凡音之起，由人心生也。人心之动，物使之然也。感于物而动，故形于声；声相应，故生变；变成方，谓之音。比音而乐之，及干戚羽旄，谓之乐。

这一段说音乐的起源，由于心物交感，是从心理学上寻出音乐的基础。又说：

乐者……其本在人心之感于物也。是故其哀心感者，其声噍以杀；其乐心感者，其声啴以缓；其喜心感者，其声发以散；其怒心感者，其声粗以厉；其敬心感者，其声直以廉；其爱心感者，其声和以柔。六者非性也，感于物而后动。

夫民有血气心知之性，而无哀乐喜怒之常。应感起物而动，然后音乐形焉。是故志微噍杀之音作，而民思忧；啴谐慢易繁文简节之音作，而民康乐；粗厉猛起奋末广贲之音作，而民刚毅；廉直劲正庄诚之音作，而民肃敬；宽裕内好顺成和动之音作，而民慈爱；流辟邪散狄成涤滥之音作，而民淫乱。

凡音者，生人心者也……治世之音安以乐，其政和；乱世之音怨以怒，其政乖；亡国之音哀以思，其民困。声音之道，与政通矣。

这三段，前一段是发明音乐生于人心的道理，后两段是发明音乐生人心的道理。就一方面看，音乐是由心理的交感产生出来的，所以某种心感触，便演出某种音乐；就别方面看，音乐是能转移人的心理的，所以某种音乐流行，便造成某种心理。而这种心理的感召，不是个人的，是社会的，所以音乐关系到国家治乱，民族兴亡。所以做社会教育事业的人，非从这里下工夫不可。这种议论，自秦汉以后，竟没有人懂。若不是近来和欧美接触，我们还说是谬悠夸大之谈哩。

《乐记》这篇书，原是七十子后学者所记，并非孔子亲说。《荀子》里头有《乐论篇》，说得大同小异，但稍为简略。或者这篇书，竟是荀子作的，亦未可定。但这种学理总是孔门传授下来的，所以我们可以认他做孔子学说的一部分。

正乐是孔子一生大事业，今日乐谱都已失传，更从何处论起？但我们可以想见孔门礼教、乐教，实有相反相成之妙。《记》中说："礼节民心，乐和民性。"礼的功用，在谨严收敛；乐的功用，在和悦发舒。两件合起来，然后陶养人格，日起有功。《记》又说：

> 乐以治心，礼以治躬。心中斯须不和不乐，则鄙诈之心入之矣；外貌斯须不庄不敬，则易慢之心入之矣。

读此，可以知孔门把礼乐当必修科的用意了。就论体育上，乐的功用，也不让于礼，因为古人乐必兼舞。《记》又说：

诗，言其志也；歌，咏其声也；舞，动其容也。三者本于心，然后乐器从之。是故情深而文明，气盛而化神。

舞的俯仰疾徐，和歌的抑扬抗坠，不独涵养性灵，而且于身体极有益，这也是礼乐交相为用的事。

我想孔子若在今日当教育总长，一定要像法国样子，将教育部改为教育美术部，把国立剧场和国立学校看得一样的重。他若在社会上当个教育家，一定是改良戏曲，到处开音乐会，忙个不了。他的态度如此，所以那位专讲实用主义的墨子，看着莫名其妙，说他教人贪顽废事，做出三篇《非乐》的大文来骂他，却那里懂得孔子人格教育的精意呢！

七、名

后人常称孔教做名教，这话并不错。但为什么叫做名教呢？却忘其所以然。我们细读《论语》，就可以明白。《论语》有一章，记：

子路曰："卫君待子而为政，子将奚先？"子曰："必也正名乎！"子路曰："有是哉，子之迂也。奚其正？"子曰："野哉由也。君子于其所不知，盖阙如也。名不正，则言不顺；言不顺，则事不成；事不成，则礼乐不兴；礼乐不兴，则刑罚不中；刑罚不中，则民无所措手足。故君子名之必可言也，言之必可行也。君子于其言，无所苟而已矣。”

这一章书，骤读过去很有点难懂，名不正的结果，何至就闹到“礼乐不兴”“刑罚不中”“民无所措手足”呢？怕未免有点张大其词罢。试看荀子、董子的解释就可以明白。荀子说：

今圣王没，名守慢，奇辞起，是非之形不明，则虽守法之吏，诵数之儒，亦皆乱也。……异形离心交喻，异物名实互纽。……如是则志必有不喻之患，而事必有困废之祸。（《荀子·正名篇》）

董子说：

名生于真，非其真弗以为名。名者，圣人之所以真物也。……欲审曲直，莫如引绳；欲审是非，莫如引名。名之审于是非也，犹绳之审于曲直也。诘其名实，观其离

合，则是非之情，不可以相谰已。（《春秋繁露·深察名号篇》）

欲明白正名的要紧处，最好拿眼前的事实来举个例。譬如有人说共和是不好的，问他什么不好？他说你看中国共和了九年，闹成什么样子？这段话骤然听去，像是有理，其实不然。我们先要知道共和的实质是怎么样，再要问这九年来的中国，是否和共和实质相符。把这九年来的中国说他是共和，这就是非其真而以为名，这就是异物名实互纽。又如现在讲联邦，讲自治，若不先把联邦自治的名实弄到正确，那么，几位督军私自勾结的几省联盟，也要自命为联邦，几位政客也可以设起联省政府来；那么，官僚运动做本省省长，便说是自治。又如讲马克思的共产主义，若不把名实弄得正确，那么，兵大爷组织兵变队，挨门坐抢，他可以说自己是蓝宁，是杜洛兹奇。这就是董子说的“相谰”。在这种名实混淆的状态之下，是非是无从论起的。譬如我们说：“狗是有义气的动物。”若不先定了界说，什么是狗，看见一个狐来，你说这种狗没有义气，不是把人闹糊涂了吗！所以“志必有不喻之患，而事必有困废之祸”，这就是“名不正，则言不顺；言不顺，则事不成”。孔子又说：“恶紫之夺朱，恶郑声之乱雅乐。”又说：“恶似是而非者，恶莠恐其乱苗，恶乡愿恐其乱德。”（《孟子》引）都是所以提倡正名的缘故。

老子以为名者起于人类之分别心。这种分别心，是各人不同，各时不同，各地不同，所谓正确不正确，实无从得公共标准。故主张一切废去，复归于无名之朴。孔子以为名是终久废不掉的；既已废不掉，若听他囫囵杂糅，一定闹到言不顺事不成，所以公共标准是必要的。标准怎样才能正确才能公认呢？孔子以为是政府的责任。所以子路问“为政奚先”，孔子答以“正名”。《荀子·正名篇》说：“若有王者起，必将有循于旧名，有作于新名。”就是这个意思。孔子若乘时得位，一定先办此事。后来道既不行，晚年乃著《春秋》，就是用极谨严的名，表示极复杂的义。所以庄子说：“《春秋》以道名分。”（《天下篇》）董子说：“《春秋》辨物之理以正其名。名物如其真，不失秋毫之末。”（《春秋繁露·深察名号篇》）所以孔子正名主义的实行，自然在《春秋》一书，第五节再详论。

孔子为什么把正名主义看得如此其重呢？因为把名正了，然后主观方面可以顾名思义，客观方面可以循名责实。例如“君君臣臣，父父子子”，先要知道君臣父子四个名词里头含有什么意义，然后君要做个真君，臣要做个真臣……那么，社会秩序也跟着正了。像当时子路所问“待子为政”的卫君——出公辄，是“子不子”，其父蒯聩也是“父不父”，孔子以为正名就可以救这些流弊。

孔子的正名主义，对于改良社会有多少效果，我们不敢说，但在学问知识上却有很大影响。因为名实问题，是孔子头一个提出，此后墨子、惠施、公孙龙、荀卿乃至其他诸子，都从这问题上生出许多学问来。质而言之，当时所谓名学即论理学，是孔子最先注意的。虽所说不如后人之精，那创始的功劳，也很大了。（参见胡著页九二——〇〇）孔子固认名有许多功用，所以很奖励立名。《易·文言》说：“不易乎世不成乎名。”《论语》说：“君子去仁，恶乎成名？”又说：“君子疾没世而名不称焉。”宋儒说好名是件不好的事，孔子却不然，名是不妨好的；不过“声闻过情，君子耻之”，因为过情的声闻，已经名实混淆，和正名主义正相反了。

八、性命

《易·彖传》：“乾道变化各正性命。”性命二字成了学问上问题，自此始。但孔子言命较多（《论语》称“子罕言命”，实非甚罕），言性较少。子贡说：“夫子之言，性与天道，不可得而闻。”性与天道殆孔子所自证，不甚拿来教一般学者，所以不得而闻。《论语》言性，有“性相近也，习相远也”，“惟上智与下愚不移”两章。其言既极浑括，远不如后来孟、荀之精密，盖由孔子不甚以此教人。至于言命，则所在多有。孔子自言：“五十而知天命。”又说：“不知命无以为君子。”又说：“道之将行也欤？命也。道之将废也欤？命也。公伯寮，其如命何！”又说：“天生德于予，桓魋其如予何！”又说：“天之未丧斯文也，匡人其如予何！”诸如此类，正中屡见，可见知命主义，在孔子学说中，实占极重要的位置。所以墨子反对孔学，特标《非命》为一种旗帜。

命是个什么呢？孔子说命，常与天连举，像是认命为天所造。其实不然。庄子引孔子的话，很有几处解释命字意义：

> 仲尼曰：“子之爱亲，命也，不可解于心。”（《庄子·人间世篇》）
>
> 仲尼曰：“死生，存亡，穷达，贫富，贤与不肖，毁誉，饥渴，寒暑，是事之变，命之行也。日夜相代乎前，而知不能规乎其始者也。”（《庄子·德充符篇》）

据此可知孔子所谓命，是指那自然界一定法则，不能拿人力转变者而言。他有时带说个天字，不过用来当作自然现象的代名词，并非像古代所说有意识的天。“五十而知天命”句，皇侃疏云：“天本无言，而云有所命，假之言也。”这话最通。若作基督教的上帝默示解，便非孔子之意了。

然则知命主义的价值，怎么样呢？我说有好处亦有坏处。好处是令人心境恬适；坏处是把人类进取的勇气减少。孔子说：

> 自事其心者，哀乐不易施乎前，知其不可奈何而安之若命，德之盛也。（《庄子·人间世篇》）

这段话讲知命的作用，最为精透。“自事其心”，是自己打叠自己的心境，死生穷达毁誉饥渴等等事变，虽“日夜相代乎前”，我心的哀乐，却叫他“不易施乎其前”。怎样才能做到呢？最好是“安之若命”。这“若”字极要注意。命的有无，且不必深管，只是假定他是有，拿来做自己养心的工具。得了这种诀窍，所以能“遁世无闷，不见是而无闷，乐则行之，忧则违之，确乎其不可拔。”（《易·文言传》）所以能“不怨天不尤人”（《论语》），所以能“饭疏食饮水，曲肱而枕之，乐亦在其中”（《论语》）。这是孔子自己学问得力所在，也常常拿来教人。所以《论语》首章说“人不知而不愠，不亦君子乎”，末章说“不知命无以为君子”，意义正相衔接，实是孔子修养人格的重要学说。

孔子说的知命，本来没有什么大流弊，因为他乐行忧违，还带着确乎不拔，他遁世无闷，还带着独立不惧。（《易·象传》）可见得并不是做命的奴隶了。虽然，孔子终是崇信自然法太过，觉得天行力绝对不可抗。所以总教人顺应自然，不甚教人矫正自然，驾驭自然，征服自然。原来人类对于自然界，一面应该顺应他，一面应该驾驭他。非顺应不能自存，非驾驭不能创造。中国受了知命主义的感化，顺应的本能极发达，所以数千年来经许多灾难，民族依然保存，文明依然不坠。这是善于顺应的好处。但过于重视天行，不敢反抗，创造力自然衰弱，所以虽能保存，却不能向上。这是中华民族一种大缺点，不能不说是受知命主义的影响。所以墨子非命，实含精意。至于误解知命主义的人，一味委心任运，甚至造出种种邪说诬民的术数，那更不是孔子的本意了。

九、鬼神祭祀

孔子教人，说的都是世间法，不是出世法。所以“季路问事鬼神”，子曰：“未能事人，焉能事鬼。”“敢问死？”曰：“未知生，焉知死。”这是对于现世以外的事，纯然持消极的态度。然则孔子到底主张有鬼呀，还是主张无鬼？我说：孔子所持是相对的无鬼论。他以为鬼并不是没有，但不过由我们的业识造出来。孔子说的鬼神，全是哲学上的意义，没有宗教上的意义。《易·系辞传》说：

精气为物，游魂为变，是故知鬼神之情状。

这几句话最精到。“精气为物”，说的是鬼之情状；“游魂为变”，说的是神之情状。“鬼者归也”，精气是有形的，即佛法中之色蕴。《圆觉经》说，骨肉归地，血唾归水，暖气归火，动转归风。人之色身，四大合成，死后还归四大。举精气则毛发骨血等都包在内，地水火风，各有他的原素，据近世科学的理论，知道物质不灭，所以说“精气为物”；游魂是无形的，即佛法中之“受想行识”四蕴，常为业力所持，流转诸趣，所以说“游魂为变”。（参考章炳麟著《菿汉微言》）孔子说的鬼神情状是如此，直可以谓之绝对的无鬼论。然则他为什么又极重祭礼呢？自来圣哲施教，每因当时习俗而利导之。《易·彖传》说：

圣人以神道设教，而天下服矣。

当时民智幼稚，而且古代迷信，深入人心，一时不易革去，所以孔子利用祭礼为修养人格改良社会一种手段。但孔子虽祭，并不认定是有神，所以只说："祭如在，祭神如神在。"又说："洋洋乎，如在其上，如在其左右。"这分明是主观的鬼神，不是客观的鬼神了。

为什么祭礼可以为修养人格的手段呢？他的作用就在斋戒。《祭统》说：

> 斋之为言斋也，斋不斋以致斋者也。是故君子非有大事也，非有恭敬也，则不斋；不斋则于物无防也，耆欲无止也。及其将斋也，防其邪物，讫其耆欲。心不苟虑，必依于道；手足不苟动，必依于礼。是故君子之斋也，专致其精明之德也。……定之之谓斋。斋者精明之至也，然后可以交于神明也。

观此，可知斋戒实为养心最妙法门。《易·系辞传》说："圣人以此斋戒，以神明其德。"就是此意。斋戒原不必定要祭祀才有，凡有大事有恭敬皆须斋戒。（《孟子》"弟子斋宿而后敢言"，《庄子》"斋，吾语汝"。）但祭礼的斋戒，总算最通行，所以孔子很提倡他。譬如每年有几次大祭祀，祭前都须斋戒一回。斋的时候，节省思虑，休养精神。这是和基督清教徒严守安息日同一作用，于锻炼身心修养人格，实甚有益。

为什么祭礼可以为改良社会一种手段呢？前次曾经讲过，孔子的祭礼，是由祈主义变为报主义，全是反本报始不忘其初的意思。“万物本乎天”，所以祭天；“人本乎祖”，所以祭祖；使之必报之，所以有群祀。孔子说：

> 慎终追远，民德归厚矣。

祭礼最大作用，不外是使民德归厚。所以孔子又说：“明乎郊社之礼，禘尝之义，治国其如示诸掌乎！”（《中庸》）都是说靠祭礼唤起人民报本的观念，风俗自然淳厚，政治自然易办。若不明此意，《中庸》的话便解不通了。所以孔子的祭，实含有举行纪念祝典的意味，有鬼无鬼倒不十分成问题。所以说：“敬鬼神而远之。”又说：“非其鬼而祭之，谄也。”

第四节　孔子之哲理论与《易》

前节所讲，都是从《论语》《礼记》中摘出孔子学说，还未研究到他自己所著书。欲知孔学之全，要读他所著《易》《春秋》。《易》，是孔子哲理论的总汇；《春秋》，是孔子政治论的总汇。

孔子以前的《易经》，仅有六十四卦，带着那六十四条卦辞，三百八十四条爻辞；内中到底含有多少哲理无从揣测。《易经》成为一种有系统的哲学，自孔子始。

《史记·孔子世家》说："孔子晚而喜《易》，读之韦编三绝。曰：'假我数年，我于《易》则彬彬矣。'"这段话亦见《论语》。可见孔子治《易》是在晚年。他所建设《易》的哲学是否完成，尚未可知。但我们从他所著的《彖传》《象传》《系辞传》《文言传》中，大略可以寻出他的哲学系统来。今分论如下：

一、易体

印度、欧洲的哲学家以及我国古代的老子后世的宋儒，都喜欢研究宇宙本体是什么，独孔子说：

神无方而易无体。（《系辞传上》）

孔子所谓“易”，自然是“宇宙万有”的代名词，他却直截了当下一个断案，说宇宙万有是没有本体的。这种主张，不惟与古代天帝主宰的思想不同，即与老子“有物混成”“其中有物”“其中有精，其精甚真”的思想亦异。真算得思想界一大革命。宇宙本体有没有，原是往古来今打不清楚的官司，就算是有，也断不是拿知识判断得来。那么，便是学问以外的事。所以讲学问的人，只好把这第一原因搁下，第一现象说起，孔子说“易无体”，怕也是这个意思。然则无体的易，从那里来呢？孔子说：

生生之谓易。（《系辞传上》）

拿现在流行语翻译他，说的是：“生活就是宇宙，宇宙就是生活。”这句话怎么解呢？《论语》有个譬喻最好：

子在川上曰：“逝者如斯夫，不舍昼夜。”

譬如我们在京汉铁路黄河桥上看见滔滔混混的水，叫做他黄河。这黄河有本体没有呢？照常识论，目前看见的水，就是他本体。但黄河从昆仑发源，合了几百条川流才到这里，那些川流的水，原只是这水，为什么不叫他黄河呢？黄河东流入黄海，连着就是太平洋、印度洋，为什么不都叫做黄河呢？然则想从水所占的空间指出那些水是黄河本体，了不可得。换过来，从时间一方面看，现在在桥下的水，像可以叫做黄河了。但什么是现在，却大有问题。李太白有两句好诗，说："前水复后水，古今相续流。"时间是相续的东西，细细分析下去，可以说只有过去，只有未来，并无现在。因为才说这一刹那顷是现在，却早已过去了。要说这一刹那是现在，却还属未来。所以想从时间指出那些水是黄河本体，也了不可得。孔子说的"逝者如斯"，正是此意，所以说易无体。

然则什么是黄河？水之相续不断的动相，就是黄河。好像演电影，无数的影片，连续不断的在那里动，若把他的动相停了，光看那断片，便毫无意义了。现代大哲柏格森，常拿这种譬喻来说明他的宇宙观、人生观，自命为"流动哲学"。他的立脚点，和孔子很相类。孔子这部哲学书，名叫做《易》。"易"就是"变"，就是动。一个"逝"字，一个"生"字，"动"的原理都包尽。方生方逝，方逝方生；非逝不生，非生不逝。人身内血轮细胞乃至肌骨毛发日日逝、日日生，人心中的意识，前念逝后念生。孔子以为宇宙所以成立，就是在此，所以叫做《易》。“易学”两个字翻译出来，就是流动哲学。

《易》所说既是宇宙的动相，这动相却从那里来呢？原来宇宙间有两种相对待的力，现代科学家名之为“正负”，或名之为“积极”“消极”。易学家则名之为“阴阳”，或名之为“消息”、为“刚柔”、为“往复”、为“阖辟”、为“屈伸”。那正的、积极的、阳的、息的、刚的、复的、辟的、伸的，是指生生不已的力，拿一个“⚊”符号来代表他，叠起来成个“☰”卦，名曰“乾”。那负的、消极的、阴的、消的、柔的、往的、阖的、屈的，是指逝者如斯的力，拿一个“⚋”符号来代表他，叠起来成个“☷”卦，名曰“坤”。这两个符号，不单是代表正负两面、还代表全体和部分的观念。《系辞传》说：“立天之道，曰阴与阳；立地之道，曰柔与刚；立人之道，曰仁与义。”仁者，人也；义者，我也。什么是人？凡与我同类的这一种动物都叫做人。什么是我？在这全体里头各人画出一部分作为自己，便叫做我。人类一切道德，或是为增进全体利益之用，或是为发达个性之用，总不出“人”“我”两途，所以叫做仁义。然而人我两观念，亦实由正负而来。人即我之正，我即人之负。非将我推验去现不出人相，非把人的属性说明，现不出我相。所以人我原只是正负两面。《易经》的要旨，说这两种力互相吸引，互相排拒，宇宙间一切物象事象，都从此发生。所以说阖户谓之“坤”，辟户谓之“乾”，一阖一辟谓之“变”，说刚柔相推而生变化。此外还说许多相摩相荡相薄相错相攻相取相感相得相逮不相射不相悖，都是形容这两种力的动相。以为这两种力对待，宇宙自然成立，若把这两种力去掉，便连宇宙这个名都没有了。所以说：

> 乾坤，其易之缊耶？乾坤成列，而易行乎其中矣。乾坤废则无以见易。

据上所述，可见一部《易经》，所讲全是动的学问。后来宋儒搬了道士的太极图来说“易”，造出“主静立人极”的话，恰恰和孔子的易相反了。

然则《系辞传》说，“易有太极，是生两仪。两仪生四象，四象生八卦。”这几句话怎么讲呢？《说文》说：“极，栋也。”“栋”是屋顶的横梁，太极就指这一画的“—”符，无可疑了。怎么太极生两仪呢？两仪是“—”“--”两个符号。生字意义，和老子的一生二正同，并非“太极→两仪”乃是“太极←两仪”。

因为无负的观念，便表不出正的观念，所以有太极自然有两仪，两仪就是太极的正负两面。怎么两仪生四象呢？第一个象是全阳，第二个象是全阴，第三个象是阴多阳少，第四个象是阴少阳多。从这四个象，生出八个卦来，易理就从此发生了。

二、卦与象

将“—”“--”两个符号错综三叠起来，成了八个卦：

☰乾	☳震	☵坎	☶艮
☷坤	☴巽	☲离	☱兑

再因而重之，更把他相错起来，成了六十四卦。卦的作用全在象。什么是象？乾天、坤地、震雷、巽风、坎水、离火、艮山、兑泽，这八种算是主象。此外有许多副象——如龙为乾象、马为坤象、木为震象之类。散见于爻辞及杂卦传者甚多。这类都是表示形体的象，可以名之为物象。还有表示性质及意识的象，如乾健、坤顺、震动、巽入、坎陷、离丽、艮

止、兑说，以及震为决躁，坎为隐伏、为加忧等，都可以名之为事象。这些“象”如代数的x、y、a、b、c、d，如琴谱之c、r、m、f、s、l、t、d，都是一种代表符号。要先明白他，才可以谈易理。

韩宣子在鲁国看的《易》，名曰易象。《系辞传》说“易也者，象也”。可见易只是象，象外无易。要知道象的作用重要，须先明白象字的意义。《韩非子》说：“人希见生象也，而案其图以想其生，故诸人之所以意想者，皆谓之象。”（《解老》）人看见种种事物，便有一个印象在心目中。所印的象，是那事物的状态，由我们主观的意识看出来。这是象的本义。有了这印象，要把他摹写表现出来，力求其像。《系辞传》下象字的解释说：“象也者，像也。”又说：“天地变化，圣人效之。天垂象，圣人则之。”这是引申义，含有效法的意思。《易经》的象，兼这两义，以为一切变动进化之迹，都有各种状态来表现他，所以说“易者象也”（罗素说宇宙万有都是一种事实Events的结集，颇似易说）。又以为这种状态，都根本于自然法则，我们应该效法他，所以说“象也者像也”。合这两义，便是易象的作用。

《系辞传》说，以制器者尚其象。象的最初作用，是取象于天然状态，造出种种器物。《系辞传》举十三卦作例：

作结绳而为罔罟——盖取诸离。

斩木为耜，揉木为耒——盖取诸益。

日中为市——盖取诸噬嗑。

垂衣裳而天下治——盖取诸乾坤。

刳木为舟，剡木为楫——盖取诸涣。

服牛乘马，引重致远——盖取诸随。

重门击柝以待暴客——盖取诸豫。

斩木为杵，掘地为臼——盖取诸小过。

弦木为弧，剡木为矢——盖取诸睽。

上古穴居而野处……后世圣人易之以宫室——盖取诸大壮。

古之葬者，厚衣之以薪葬之中野……后世圣人易之以棺椁——盖取诸大过。

上古结绳而治，后世圣人易之以书契——盖取诸夬。

这都是看见一种象，从而象（像）之。例如上巽下坎的涣卦䷺，有“木在水上，流行若风”之象（《九家易说》），因此效法他制出舟楫来。又如上震下艮的小过卦䷽，有“木上动，土下止”之象（《朱子说》），因此效法他制出杵臼来。孔子举这几个例，证明一切器物，都由取象而来。不惟如此，种种制度，种种道德观念，皆从象生。所以六十四条象传，都是发明此理。例如乾卦有天体运行之象，便效法他自强不息。坤卦有地势持载之象，便效法他厚德载物。豫卦是雷出地奋，表发扬之象，便效法他作乐崇德。复卦是雷在地中，表蛰息之象，便效法他第七日放假。至日闭关，商旅不行后不省方，既济卦有成功之象，愈成功愈要谨慎，所以思患而豫防之。（小畜卦孔疏云："凡大象之义，或取二卦之象而法之者，若'地中有水，师，君子以容民畜众'，取卦象包容之义；若'上天下泽，履，君子以辨上下'，取卦象尊卑之义；或直取卦名，因其卦义所有，法之，若《讼卦》云：'君子以作事谋始'，防其所讼之源，不取'天与水违行'之象，余皆仿此。"案此说甚通。）诸如此类，都是借物象事象的触发，生出种种制度和道德标准。所以说："夫易开物成务，冒天下之道"，又说："见乃谓之象，形乃谓之器，制而用之谓之法，利用出入民咸用之谓之神。"（胡适之说：一部《易经》只是一个象字，这话很对。他说象，也说得很好。但他说古今说易的人不懂此理，未免失检。《系辞传》"盖取诸离"下孔疏云：诸儒说象卦制器，皆取卦之爻象之体，今韩氏康伯直取卦名。案上系云以制器者尚其众，则取象不取名也。据此知孔颖达所见从前诸儒之说，皆取象为解。孔疏解六十四象传亦什九皆取上下卦象，若程传则例尤严，无一卦不以象训释矣。胡氏所举之各卦意象亦多前人已言者。）

三、爻与辞

《系辞传》说："圣人设卦观象，系辞焉以明吉凶。"又说："易有象所以示也，系辞焉所以告也。"又说："圣人大象以尽意，系辞焉以尽其言。"又说："君子居则观其象而玩其辞。"读此可知，辞与象并重了。辞有两种：一卦辞，如乾：元亨利贞。二爻辞，如初九：潜龙勿用……。卦辞比较的还简单，爻辞便复杂到了不得了。要研究爻辞，先要懂得辞的界说。《系辞传》有一句最要紧，说道：

辞也者，各指其所之。

之，往也。言辞各指示卦爻之所往。《左传》记卜筮事，所谓"遇大有之睽"，"遇观之临"等等，就是这个之字。由大有往睽，由观往临，即大有变成睽，观变成临也。然则卦爻为什么有之呢？之有什么公例呢？这却要很费周折才能说明。

第一，须知每卦六爻，有所谓位。最低那一画叫做初爻，倒数上去，二三四五。到顶上那一画，叫做上爻。《文言传》说“六位时成”，就是指这六爻的位。

第二，六位中最主要的是第五位，算是一卦之主。其次第二位，是与五相应的。《系辞传》说“列贵贱者存乎位”，每卦五位最贵，二位次之，其他皆贱。《系辞传》所谓“非其中爻不备，二五皆中爻也”。

第三，卦爻的之，有一定法则。二与五相之，初与四相之，三与上相之，因为他是同位。《系辞传》说：“二与四同功而异位，三与五同功而异位。”因是异位，所以二与四，三与五，是不能相之的。像下象棋，各种子各有他的走法，后儒讲的卦变飞伏互体等等，随意乱之，便是“马行田、卒回头”了。

第四，为什么有之呢？卦中各爻已定位者不之，未定位者才有之。怎么叫做定位未定位呢？易经以一阴一阳相间排比成䷾既济算是定位，所以他的卦名叫做“既济”。既济卦是六爻都无可之了。反之，未济卦䷿是六爻皆可之。其余各卦，最少的有一爻可之，最多的有五爻可之。如乾卦是二四上三爻可之。坤卦是初三五三爻可之。余仿此。

第五，之的法则，最简单的是本卦各爻相之。如未济卦，初之四、二之五、三之上，便成了既济了。若仅二与五相之，就变成上乾下坤的泰卦。这就是未济之泰。但别的卦，却不能如此直捷。例如乾䷀二之五、四之初、上之三，依然是阳爻，不是和没有变一样吗？所以要生出相错旁通的法则来。

第六，《系辞传》说八卦相错，《文言传》说六爻发挥旁通，这是研究辞的所之一个要紧关键。旁通的原则，是拿两个各爻恰恰相反的卦，平列起来，彼此互通。例如：

䷀乾	䷜坎
䷁坤	䷝离

两两反对，恰成配偶。但不止此，还要将八卦相错起来旁通。例如乾、坤、坎、离四卦相错，成了：

䷌同人	䷅讼	䷇比	䷄需
䷆师	䷣明夷	䷍大有	䷢晋

八个卦，也是两两反对，恰成配偶，所以同人与师旁通，讼与明夷旁通，比与大有旁通，需与晋旁通，凡旁通是要各从其偶，万万不能乱来的。

第七，旁通也要按着位。二通五，初通四，三通上，不能越位乱通。例如乾的二爻是可动的，和坤旁通，把坤的五爻通了过来，变成䷌同人，这就是乾之同人。

第八，爻的所之，分为当位失道两大类。二五先动，然后初四或上三和他相应，叫做当位，二五未动，而初四上三先动，叫做失道，二五动了，而初四上三不和他相应，也叫失道，但头道是可以补救的，别爻有变，可以还归当位。所以《系辞传》说“化而裁之存乎变”，变的法则更复杂了，旁通之中又有旁通。（例如乾坤旁通成同人，同人又与师旁通）所以《系辞传》说：“易之为道也，屡迁，变动不居，周流六虚，上下无常，刚柔相易，不可为典要，唯变所适。”

以上把所之两字大略说明，然后可以讲到辞的作用了。辞也者，各指其所之。指的什么呢？《系辞传》说：“辨吉凶者，存乎辞。”又说：“系辞焉以断其吉凶。”辞的作用，就是察验所之之当位或失道，指出他的吉凶来下断案。易辞的断案有十一种：

元、亨、利、贞、吉、凶、悔、吝、厉、孚、无咎。

所谓辨就是辨这十一种，所谓断就是断这十一种。而学易的人，最要紧却在一个悔字。悔必思变，变则通，通则久，故虽逞凶吝，结果可以无咎。所以孔子说，假年学《易》，可以无大过。

[附言]以上大抵采用清儒焦循之说。循著有《易通释》《易图略》等书，专发明旁通变化之例，对于汉儒的方士易，宋儒的道士易（胡适所命名极有趣），一概排落，专务以经解经，以传解经。循又深于数学，用数学的头脑来说易，更觉精密。王引之批评他“凿破混沌，扫除云雾”，“足使株守汉学而不求是者爽然自失”，这话对极了。依我看，焦氏解爻辞最好，依着他条条差不多都可通。他解卦辞及《大象传》都不好，因为原文讲的是卦象，他却泥着各指其所之来求他，便许多窒碍了。要之古今说《易》之书，我是推他第一了。他所著《易话》，有一条拿象棋谱来比《易》的辞，极有理致。

原来的卦辞爻辞，大率举一个象，下一个断案。例如乾卦“初九，潜龙勿用”，“上九，亢龙有悔”，初九的象是潜龙，给他个断案说，应该勿用，上九的象是亢龙，给他个断案说，这便有悔。孔子作《易传》，是因这些辞求出他所以然之故。为什么潜龙该勿用呢？因为阳在下也。为什么亢龙便有悔呢？因为盈不可久也。若再问为什么盈不可久呢？这篇传虽然没有答，别篇传却有之。《谦·彖传》说：“天道亏盈而益谦……人道恶盈而好谦。”若再问为什么“天道亏盈益谦”呢？他跟着答，因为“谦，尊而光，卑而不可逾”。《系辞传》说：“仰以观于天文，俯以察于地理，是故知幽明之故。”又说：“感而遂通天下之故。”又说：“明于天之道而察于民之故。”又说：“明于忧患与故。”这四个“故”字，就是说的所以然之故。一部《十翼》，就算是发明一个“故”字。有人说，孔子只说这事应该如此做，不问为什么应该如此做。这话未免冤枉孔子了。两篇《彖传》，两篇《象传》，和《文言传》《系辞传》中解经的话，哪一句不是解答为什么的问题？做学问不问个为什么，还要得吗？孔子虽不肖，何至如此？

若问孔子怎么样能求出这“故”呢？我说，他全是用的归纳法。最紧要的法门，就是《系辞传》说的“近取诸身，远取诸物”。怎么取法呢？《彖传》说：“万物睽而其事类也。”《象传》说：“君子以类族辨物。”《系辞传》说：“方以类聚，物以群分。”又说：“以类万物之情。”又说：“其称名也，杂而小越，于稽其类。”这是说宇宙万有，虽像是各各隔离，却总有相同之处；要把各种事物分出类来，研究他的共相。又说：“参伍以变，错综其数。通其变，遂成天地之文。极其数，遂定天下之象。”又说：“引而伸之，触类而长之。”这是把各种事物参验比较，研究他的别相，和他的相互关系。又说：“夫易彰往而察来，而微显阐幽。开而当名，辨物正言，断辞则备矣。”这是经排比、参较的结果，才下正确的断案。正名主义，算是完成了。焦循说“孔子读《易》，韦编三绝”，都是因为反复检验比较，所以连牛皮绳都断了三回。（《易话》）这话很有理智。我们看孔子治《易》的方法，可以推到做一切学问的方法了。

四、繁变与易简

照上两段讲来，一部《易经》可谓麻烦极了。六十四卦，就有六十四种象，而且一卦不止一象。（例如随卦有“向晦入宴息”的象，又有“服牛乘马，引重致远”的象）卦象就不止百数，三百八十四爻，就有三百八十四种象。而且之来之去，之一处便变一个象，相错又相错，旁通又旁通。而且听人“神而明之”，听人“惟变所适”。你想这一闹不是真闹到千头万绪没有结束了吗？孔子说：

> 言天下之至赜而不可恶也，言天下之至动而不可乱也。

他说：繁赜是繁赜极了，不必嫌他。变动是变动极了，却不会乱。为什么不可恶不可乱呢？他说：

易曰："憧憧往来，朋从尔思。"子曰："天下何思何虑？天下同归而殊途，一致而百虑，天下何思何虑？"

然则怎样才能同归、才能一致呢？他跟着说：

日往则月来，月往则日来，日月相推，而明生焉。寒往则暑来，暑往则寒来，寒暑相推，而岁成焉。往者屈也，来者信（同伸）也，屈信相感，而利生焉。

物象事象虽然至赜至动，其实不外两种对待的力——一正一负，在那里往来屈伸，相推相感。两种力是什么？他的符号，就是乾坤；乾以易知，坤以简能。天下再没有比他更简易的了。所以说：

天下之动，贞乎一者也。夫乾，确然示人易矣；夫坤，陨然示人简矣。爻也者，效此者也；象也者，像此者也。

孔子的意思说，许多皮带，许多轮子在那里动，其实只是一个总的发动机。你看，那代表“—”符号的乾，不是给我一个极易的名相吗？那代表“--”符号的坤，不是给我们一个极简的名相吗？无论什么象，不过是像他；无论什么爻，不过是效他。这可以证明殊途而同归、百虑而一致，至赜而不可恶，至动而不可乱了。这便是一以贯之的学问。

咸、恒两卦的《彖传》，各有两句话，文义全同，仅换一字。说道：

观其所感，而天地万物之情可见矣。

观其所恒，而天地万物之情可见矣。

所感，是天地万物的动相。所恒，是他的静相。这两句话极精妙。其实亦只是一阖一辟、一往一来、一屈一伸，与乾坤同一理。咸恒列在下经之首，和上经的乾坤相对，确有精意。

最后的卦是未济，未济之前是既济，这也极有道理。到了既济，六爻的位都定了，动相完全停止。所以讲旁通的易理，最忌是变成两既济。凡各卦各爻的所之，若有变成两既济的征兆，《象传》总说他是其道穷，所以拿未济放在最后头。未济使六爻都大变而特变了。象传两言终则有始，就是此意。

这样看来，易学也可以叫做数理哲学。孔子的思想，全从《诗经》“有物有则”这句话生出来，以为宇宙事物，都有他本身自然法则。好像数学上一定的式，我们依着这式做去，再不会错。算式千变万化，至于无穷。所用的法，不外加减乘除；所得的数，不外正负。看起来，像是极繁，实际乃是极简。所以郑康成说：易字有三个意义：一是变易，二是简易，三是不易。其实三个意义，也可以说只是一个。

孔子以为用这种易学，可以把宇宙自然法则研究出来，应用到人类的生活，所以用许多话来赞美他，说道：

> 与天地相似故不违，知周乎万物而道济天下故不过。
>
> 范围天地之化而不过，曲成万物而不遗。
>
> 夫“易”，圣人所以极深而研几也。唯深也，故能通天地之志；唯几也，故能成天下之务。
>
> 形而上者谓之道，形而下者谓之器，化而裁之谓之变，推而行之谓之通，举而措之天下之民谓之事业。

然则易学在世界哲学史上有多少价值呢？我学力不够，不敢妄下批评。但我对于孔子的《易》，有两点怀疑：第一，易学的立脚点在“因果律”。他的价值之大小，和因果律价值之大小成比例。到底因果律的权威，是否有这种绝对不可抗力，我们还不敢深信。第二，人类的文化，是否由模仿自然产生出来——例如是否因看见木行水上才造舟楫，是否因看见木上动土下止才造杵臼。这种次序，是否倒置，认自然法则为尽美尽善，劝人摹仿他；是否适合于人类进化的功用，我们也不敢深信。我想，论易学，应该用这两点来定他价值。但在二千年前，有这种繁变而简易的头脑，我们是除了敬服之外，更无别话了。

第五节　孔子之政治论与《春秋》

一、大同与小康

孔子政治上根本观念，在《礼记·礼运篇》的发端。今全录其文如下：

昔者仲尼与于蜡宾，事毕，出游于观之上，喟然而叹。……言偃在侧曰："君子何叹？"孔子曰："大道之行也，与三代之英，丘未之逮也，而有志焉。

"大道之行也，天下为公。选贤与能，讲信修睦。故人不独亲其亲，不独子其子，使老有所归，壮有所用，幼有所长，鳏寡孤独废疾者皆有所养，男有分，女有归。货恶其弃于地也，不必藏诸己；力恶其不出于身也，不必为己。是故谋闭而不兴，盗窃乱贼而不作，故外户而不闭，是谓大同。

"今大道既隐，天下为家。各亲其亲，各子其子，货力为己。大人世及以为礼，城郭沟池以为固，礼义以为纪，以正君臣，以笃父子，以睦兄弟，以和夫妇，以设制度，以立田里，以贤勇知，以功为己。故谋用是作而兵由此起。禹汤文武成王周公，由此其选也。此六君子者，未有不谨于礼者也。以著其义，以考其信，著有过，刑仁讲让，示民有常。如有不由此者，在势者去，众以为殃，是谓小康。"

我们从前心目中的孔子，总以为他是一位专门讲究伦常提倡礼教的人，甚者以为他是主张三纲专制、极端的保守党。你听他说："礼义以为纪，以正君臣……"等等，都是大道既隐的现象。因为这些，“故谋用是作而兵由此起”，这不是和老子的“大道废有仁义，失德而后礼”同一见解吗？因此可知，孔子讲的伦常礼教，都不过因势利导补偏救敝之议，并非他的根本主义。

孔子心目中理想的社会就是头一段所讲的“大同”。大同社会怎样呢？天下为公，选贤与能，自然是绝对的德谟克拉西了。讲信修睦，自然是绝对的平和主义，非军国主义了。大同社会，是要以人为单位不以家族为单位的，所以不独亲其亲，不独子其子，儿童是要公育，老弱废疾是要公养，壮丁却要人人执一项职业。男女是平等的，男有男的职分，女有女的归宿。生产是要提倡的，总不使货弃于地，但私有财产制度是不好的，所以不必藏诸已。劳作是神圣，力不出于身的人最可恶，但劳作的目的是为公益不是为私利，所以不必为已。这几项便是孔子对于政治上经济上的根本主义。他本来希望自己握政权，随便用那一国都可以做个模范国，但始终不得这机会，所以偶然参观乡下人年底的宴会，触动他的“平民主义”，就发这段感慨。后来作《春秋》，也许是因这个动机。

大同小康不同之点：第一，小康是阶级主义，大同是平等主义。第二，小康是私有主义，大同是互助主义。第三，小康是国家家族主义，大同是世界主义。把《礼运》两段比勘，意义甚明。

《论语》这部书，像是有子、曾子的门人记的，有几重形式。曾子很拘谨，所以孔子许多微言大义，没有记在里头。但内中也有一两处，可以与大同主义相发明。如：

> 不患寡而患不均，不患贫而患不安。均无贫，和无寡，安无倾。

董仲舒解这几句最好。他说："有所积重，则所空虚矣。大富则骄，大贫则忧……"（《春秋繁露·调均篇》）经济论注重分配，怕算孔子最古了。

《论语》还有一章，和大同主义很有关系。

> 颜渊、季路侍。子曰："盍不各言尔志？"子路曰："愿车马衣轻裘，与朋友共，敝之而无憾。"颜渊曰："愿无伐善，无施劳。"子路曰："愿闻子之志。"子曰："老者安之，朋友信之，少者怀之。"

子路讲的，就是货恶其弃于地也，不必藏诸己。颜渊讲的，就是力恶其不出于身也，不必为己。孔子讲的，就是不独亲其亲、不独子其子，使老有所归，壮有所用，幼有所长。这都是大同主义。质言之，都是把私有的观念根本打破。我这解释，敢信绝非附会。因为孔门两位大弟子和老先生言志，当然所讲都是最胜义谛。

小康在《春秋》书中叫做“升平”，大同叫做“太平”。要明白这两种分别，然后《春秋》可读。后来儒家两大师，孟子所说，比较的多言大同主义；荀子所说，比较的多言小康主义。这是后世孔学消长一个关键。

二、《春秋》的性质

要研究《春秋》，须明白这部书的性质。今将重要的几点说明：

第一，《春秋》非史。自汉以后，最通行的误解，都说春秋是记事的史书。如果春秋是史书，那么，最拙劣诬罔的史家，就莫过于孔子。王安石骂《春秋》是断烂朝报还太恭维了。例如天王狩于河阳，明明是晋文公传见周天子，他却说天子出来行猎。如甲戌、己丑陈侯鲍卒，一个人怎会死两回呢？史家天职，在于记实事，这样做法，还能算信史吗？认《春秋》是史，是把“春秋学”也毁了，把史学也毁了。

第二，《春秋》是孔子改制明义之书。然则《春秋》到底是一部什么书呢？《春秋》是孔子政治理想，借记述史事的形式来现出来。孟子说：

王者之迹熄而《诗》亡，《诗》亡然后《春秋》作。晋之《乘》，楚之《梼杌》，鲁之《春秋》，一也。其事则齐桓晋文，其文则史。孔子曰："其义则丘窃取之矣。"

这是说，鲁国本来有一部《春秋》，和晋《乘》、楚《梼杌》一样，孔子的《春秋》，表面上的事与文，也是和他一样，至于义，却是孔子所特有了。义怎么特有呢？孟子又说：

《春秋》，天子之事也。是故孔子曰："知我者，其惟《春秋》乎？罪我者，其惟《春秋》乎？"

《春秋》不过一位学者的著述。为什么说是天子之事？后人读《春秋》，知孔子罢了。为什么又会罪孔子呢？因为《春秋》是一部含有革命性的政治书，要借他来建设一个孔子的理想国，所以说是天子之事。一位学者做这种事业，已是骇人听闻，况且其中还有许多非常异义可怪之论（何休《公羊解诂序》），所以知我罪我，都由此起。细读《孟子》这两段话，《春秋》性质，大略可明了。但孔子改制，是普为后世立法，并不专为哪一朝代。后来汉的春秋家，说孔子为汉制作，杂引纬书中许多矫诬之说，却非本来的经义。

第三，治《春秋》当宗《公羊传》。现在所称《春秋》三传，谓《公羊》《穀梁》《左氏》。然而汉一代，传者独有《公羊》。《穀梁》传授，已不甚可信。若《左传》者，其著书之人姓左丘，其书名《国语》，与《春秋》无涉。故司马迁但言“左丘失明，厥有《国语》”。（《报任安书》）西汉末诸博士皆言左氏不传《春秋》（刘歆《移书让太常博士》），因刘歆欲佐王莽篡汉，恶《春秋》之义，不便于己。乃将分国记事之《左传》，割裂增窜，变为编年解经之书，名曰《左氏传》。说孔子这部《春秋》，专据史官旧文，凭各国赴告，自是《春秋》真成了断烂朝报了。所以欲明《春秋》，惟当以《公羊传》为主，再拿《穀梁传》和《春秋繁露》参证。何休的《公羊传解诂》，传自胡毋生，也多半可信据。

第四，《春秋》之微言大义，传在口说。司马迁说：孔子次春秋……制义法，王道备，人事浃，七十子之徒，口受其传指。”（《史记·十二诸侯年表序》）所以治《春秋》非求他的口说不可。为什么专用口说呢？《公羊传》说：“定哀之间多微辞。”（《定元年》）董生说：“义不讪上，智不危身。”（《繁露·楚庄王篇》）太史公说：“为有所刺讥褒讳挹损，不可书见。”（《十二诸侯年表》）据此或因在专制政治之下，有许多非常异义可怪之论不便写出来，也未可知。但据我看，不专为此，实因当时未有纸墨，专恃刻简，传写不便，故著书务求其简。老子将许多道理，缩为五千言，也就为此。孔子《春秋》之义，如此其复杂，全写出来，倒不便传授，所以一切意义，都拿字句的体例表示他。《春秋》口授传指，想是为此。既已代代口授，难保无漏失、无附增、无误谬。所以现在的《公羊传》，我们不敢说他个个字都是孔子口说，也许有战国西汉的儒者把自己意思添入，孔子的微言大义，也不见得都收在里头。但除了他更无可据，只得以他为主，参以《孟子》《董子》等书，总可以见春秋学说的大概了。

第五，未修《春秋》与既修《春秋》。庄七年《公羊传》云：“不修春秋曰：雨星不及地尺而复。君子修之曰：星霣如雨……”所谓不修《春秋》者，就是孟子说的晋之《乘》，楚之《梼杌》，鲁之《春秋》，亦即墨子说的周之《春秋》，郑之《春秋》，燕之《春秋》，宋之《春秋》。（何氏《解诂》云：“不修《春秋》，谓史记也。”古者谓史记为春秋。）孔子作《春秋》，是拿鲁史原本来修改一编，所修改之处，微言大义便寄记在里头。作传的人还及见鲁史原本，故引来作证。现在原文是没有了，但据《传》及《解诂》，还可推测一二。例如第一条：

> 元年春王正月，不修春秋，疑当作，一年春一月公即位。

何以见得呢？据《传》发问："元年者何……"《解诂》说明："变一为元者……"知鲁史本作"一年"，孔子修之，将"一"字变为"元"字。表示什么意思呢？《解诂》说："明王者，当继天奉元，养成万物。"表以天道节制君权的意思。据《传》发问："曷为先言王而后言正月……"知鲁史本无"王"字，孔子加入。加入表什么意思呢？《解诂》说："春秋托新王受命于鲁。"《春秋》是孔子理想国的制度，标一"王"字，明新王之义。据《传》发问："何言乎王正月……"知鲁史作"一月"，孔子修"一"为"正"。又是什么意思呢？《传》说："大一统也。"《解诂》说："政教之始。"因为孔子常说"政者正也"，一年中初施政教那个月，改他做正月。据《传》发问："公何以不言即位……”知鲁史本有“公即位”三字，孔子删去。删去什么意思呢？《传》说：“成公意也。”因鲁隐公让国，君子成人之美，故从其意不书即位。就这一条推勘，孔子修《春秋》怎么修法？修了何以能寄托微言大义？口说何以如此重要？都可以略见了。

三、《春秋》与正名主义

《春秋》既专用字句体例来表示义法，所以用字最谨严。第一步讲的就是正名主义。董子的《春秋繁露》，有《深察名号篇》，专发明此理。他说：

> 春秋辨物之理以正其名，名物如其真，不失秋毫之末，故名陨石则后其五，言退鹢则先其六。圣人之谨于正名如此，君子于其言，无所苟而已矣。

所举石鹢的例证，见于《春秋·僖十六年》。

> 经文：“春王正月，戊申朔，陨石于宋五。是月，六鹢退飞，过宋都。”
>
> 传文：“曷为先言陨而后言石？陨石，记闻，闻其

磌然。视之则石，察之则五。……曷为先言六而后言鹢？六鹢退飞，见也，视之则六，察之则鹢，徐而察之则退飞。”

观此可知《春秋》用字，异常谨严，不惟字不乱下，乃至排字成句，先后位置，都极斟酌。将此条与前文所举“星陨如雨”条合观，可知所谓“名物如其真”，确费苦心。

《春秋》正名之义，全书皆是，今更举个显著的例：

经文：“桓公二年，夏四月，取郜大鼎于宋。”

传文：“此取之宋，其谓之郜鼎何？器从名，地从主人。器何以从名？地何以从主人？器之与人，非有即尔，至乎地之与人则不然。俄而可以为其有矣。然则为取可以为其有乎？曰否……”

这一段说器物的名和地名，性质不同，故记载当各有格式。与《荀子·正名篇》所说名的品类，互相发明，都是论理学的重要基础。又说“取不可以为其有”，是借动词应用的法则，表明所有权正确不正确的观念。凡读《春秋》，皆须如此。

《春秋》将种种名字详细剖析，而且规定他应用的法则，令人察名可以求义。就名词论，如时月日之或记或不记（或记春夏秋冬等，或否月日仿此），如或称名，或称字，或称爵位或否，或称国，或称人。就动词论，如两君相见，通称曰会，《春秋》分出会、盟、遇、来、如等名，盟之中，又有殊盟、莅盟、寻盟、胥命等名，会之中又有殊会、离会等名，皆将一名内容外包之大小，剖析精尽。又如同一返国得立之诸侯，而有入、纳、立（《隐四年解诂》：立、纳、入，皆为篡；《庄六年解诂》：国人立之曰"立"，他国立之曰"纳"，从外曰"入"），归、复归、复入（《桓十五年传》：复归者，出恶归无恶；复入者，出无恶入有恶；入者，出入恶；归者，出入无恶），种种异辞。乃至介词连词之属，如及（《桓二年传》：及者何？累也。《隐元年传》：何以不言及仲子？仲子微也），如以（《桓十四年传》：以者，何行其意也），如遂（《桓八年传》：遂者，何生事也），如乃（《宣八年传》：乃者何，难也）。凡各种词，用之都有义例。这就是《春秋》严格的正名主义。

欲知正名主义的应用，最好将《春秋》所记各事，分类研究。今举弑君为例：

例一（隐四年三月戊申）卫州吁弑其君完。

例二（隐四年九月）卫人杀州吁于濮。

例三（隐十一年冬十有一月壬辰）公薨，（桓元年春正月），公即位。

例四（桓二年春王正月戊申）宋督弑其君与夷及其大夫孔父。

例五（文元年十月丁未）楚世子商臣弑其君髡。

例六（僖九年冬）晋里克弑其君之子奚齐，（十年秋）晋里克弑其君卓及其大夫荀息。

例七（文十六年）宋人弑其君处臼。

例八（文十八年冬）莒弑其君庶其。

例九（宣二年秋九月乙丑）晋赵盾弑其君夷獋。

例十（成十八年春王正月戊申）晋弑其君州蒲。

例十一（襄二十九年）阍弑吴子余祭。

例十二（昭十三年）楚公子比自晋归于楚，弑其君虔于乾溪，楚公子弃疾弑公子比。

例十三（昭十九年夏五月）许世子止弑其君买，（冬）葬许悼公。

例十四（哀四年三月）盗杀蔡侯申，（冬十有二月）葬蔡昭公。

上所举十四例，就主词（Subject）方面研究，凡杀君之贼书其名，以明罪有所归，这是原则。如例一以下例四例五例六例九例十二例十三，皆同。但其中却有分别，如例五之“楚世子商臣”加世子两字，以见不惟弑君，且是杀父，更罪大恶极了。例十三之“许世子止”，表面与例五全同，但内中情节不同。“世子止”是进药误杀，自己痛心，认为弑君。《春秋》许他认罪，然则怎样能表出他和商臣不同呢？下文有葬许悼公一条：春秋之例，“君弑，贼不讨，不书葬，为其无臣子也”。（《隐十一年》传文）今书葬，便见止之罪可从末减了。（《传》云：“曰许世子止弑其君买，是君子之听止也，葬许悼公是君子之赦止也。”）这是许人忏悔的意思。例九虽与例一同式，但弑君的人，是赵穿不是赵盾。因为盾力能讨贼而不讨，故把罪名加他。例十二之楚公子比，亦像与世子商臣同式，但情节又不同。这回弑君的实是弃疾，不是比。为什么书比呢？因为弃疾立比，虔便自杀，故把罪名加于比，这都是说弑君的人罪有应得。

及之有弑君的人无主名的，是认被弑之君罪有应得。其例有三：

（一）称人以弑。如例二例七说，有些人弑他，这些人并非有罪。如例二的卫人，便是石碏主谋，碏是有功无罪。所以《传》引公羊子曰："称入者何？讨贼之辞也。"可见凡称入的，都含有讨贼意味。

（二）称国以弑。如例八例十，《文十八年传》："称国以弑者，众弑君之辞。"（《解诂》）"一人弑君，国中人人尽喜，故举国以明失众，当坐绝也。"（《成十八年解诂》义略同）这明是说暴君该死，弑他是国民公意了。

（三）称阍或称盗以弑。如例十一例十四，被弑的虽未必得罪国民，然狎近小人，亦属咎由自取。称人称国，皆明弑者无罪，被弑者反有罪。称阍称盗，明弑者罪不足责，而被弑者亦与有罪。还有例十二之主词，亦表示被弑者有罪。言公子比归于楚，《春秋》之例，归无恶（见上）。所以加这一句，便反证楚灵王虔之该弑了。参合以上各条的义例，有一半是正弑君的罪名，使乱臣贼子惧。有一半是正被弑之人的罪名，使暴君凶父惧。真算得非常异义可怪之论了。可见孔子并不主张片面伦理。后人说"君虽不君，臣不可以不臣"，这些话决非孔子之意。

更就宾词（Object）方面研究，被弑者称其君某，这是通例，但亦有分别。如例六书弑其君子之奚齐，因其未逾年未即位，未成乎为君。如例十二书楚公子弃疾弑公子比，明是两公子相杀，因弃疾胁比立之，已认为君，故加以弑名。如例四例六皆连书及其大夫，所以表彰死难之臣。如例二书卫人杀州吁，明卫人并未认州吁为君，故不言弑而言杀。如例十一之吴子余祭，例十四之蔡侯申，皆不称其君，见被弑者与弑者并非有君臣之分。如例二书于濮，例十二书于乾溪，明其在国外，凡此皆因一二字之异同，定案情之差别。都是正名主义的作用。

春秋有一件最奇怪的事，凡鲁国篡弑之祸，他都不肯直书。但明白他的义例，推勘起来，案情依然分明。例如隐公为桓公所弑。据例二所举，在隐十一年书公薨二字，在桓元年书公即位三字，表面上一点看不出来。但须知《春秋》有两个例，一是君弑贼不讨不书葬，一是继弑君不言即位。别的公薨之后，都有“葬我君某公”一条，隐公底下没有，就知道他一定被弑而且是贼不讨了。继弑君本不该即位，桓公自行即位，《春秋》直书他，可见弑君的贼就是他了。（《繁露·玉英篇》云：“桓之志无王，故不书王。其志欲立，故书即位。书即位者，言其弑君兄也。”）像这些，在经文上是很简单，都靠口授其指的传来说明，只要参伍错综研究一番，大义还是炳然。

以上所举，专论弑君一例（还未详尽）。其实全部《春秋》，都该如此读法。董仲舒曰：“《春秋》慎辞，谨于名伦等物者也。”（《繁露·精华篇》）又曰：“《春秋》无通辞，从变而移。”（《竹林篇》）又曰：“是故为《春秋》者，得一端而多连之，见一空而博贯之。”（《精华篇》）又曰：“论《春秋》者，合而通之，缘而求之，五其比（五即参伍错综之伍），偶其类，览其绪，屠其赘。”（《玉杯篇》）又曰：“贯比而论是非。”（《玉杯篇》）

所谓慎辞，即是正名。名指单字，当论理学上所谓词（Term）。辞指连属成句，当论理学上所谓命题（Proposition）。《春秋》的辞和《易》的辞，性质很有点相同，都是用极严正极复杂的论理学组织出来，必要知孔子论理学的应用，才能读这两部书。

四、《春秋》之微言大义

司马迁说：“《春秋》文成数万，其指数千。”（《史记·太史公自序》）若要把他一一罗列，非别成专书不可。但其中大半是为当时社会补偏救敝，在今日已无研究之必要，今仅刺取数条以见其概。

第一，张三世。《春秋》二百四十年，历十二公，分为三世。隐桓庄闵僖五公，名据乱世，内其国而外诸夏；文宣成襄四公，名升平世，内诸夏而外夷狄；昭定哀三公，名太平世，天下远近大小若一，夷狄进至于爵。（《隐元年解诂》）

升平世当《礼运》之小康，太平世《礼运》之大同。但《礼运》大同，悬想古代大道之行，小康乃指后世。大道即隐，像是希图复古。《春秋》则由据乱而升平而太平，纯是进化的轨道。孔子盖深信人类，若肯努力，世运必日日向上，所以拿《春秋》作个影子。太平世的微言，可惜传中所存甚少；内中最显明的，就是抛弃褊狭的国家主义、种族主义，专提倡世界主义。这确是对于当时封建制度一种革命思想。

第二，以元统天，以天正君。《春秋》发端之元年春王正月，谓之五始。《繁露》说："《春秋》变一谓之元。"元，犹原也。元为万物之本，乃在乎天地之前。（《重政篇》）又说："以元之深正天之端，以天之端正王之政。"（《二端篇》，《隐元年解诂》同）这个元字，就是《易传》"大哉乾元，万物资始，乃统天"的元字，就是无方无体之易，就是自然法。天是指自然界的现象，以元统天是说自然法支配自然现象。以天正君者，谓人君当察自然现象之变迁以求合于自然法。原来古代迷信思想甚多，以为自然界的灾变，都与人事有关。孔子是否仍有这种迷信，不敢断定，但他以为利用这种观念，叫时主有所忌惮，也是一种救济良法。所以全部《春秋》，记灾异甚多，都含有警告人的意味。这种用意本甚好，但后来汉儒附会太过，便成妖诬了。

第三，重人。子夏说："《春秋》重人，诸讥皆本此。"（《繁露·俞序篇》引）这句话，可谓得《春秋》纲领。《春秋》对于当时天子诸侯大夫，凡有劳民、伤民，多取予之事，一一讥刺，无假借。（《传》及《繁露》引证极多，不具列）不外欲裁抑强有力者之私欲，拥护多数人之幸福。对于违反民意之君主，概予诛绝。如前所举弑君诸条，是其明证。僖十九年书梁亡，《传》云："自亡也，其自亡奈何？鱼烂而亡也。"解诂云："明百姓得去之君当绝者。"据《春秋》例，灭国罪极重。梁本为秦所灭，乃《春秋》不著秦灭国之罪，而言梁自亡，是专明违反民意的暴君，理宜灭绝。隐四年书卫人立晋，《传》云："孰立之？石碏立之。石碏立之则其称人何？众之所欲立也。"凡此之类，皆表绝对尊重民意之义。

第四，无义战。孟子说："《春秋》无义战。"董仲舒说："《春秋》重民……是故战攻侵伐，虽数百起，必一二书，伤其害所重也……会同之事，大者主小；战伐之事，后者主先……使起之者居下，是其恶战伐之辞。"（《繁露·竹林篇》）可见《春秋》是绝对主张平和之义，和《墨子》非攻之旨正同。

第五，讥世卿。《春秋》全书大精神，在反对当时贵族政治，所以世袭执政的制度，认为最不好。隐三年书尹氏卒，宣十年书齐崔氏出奔卫。就字面读去，很像不通。为什么不书尹某崔某？难道姓尹的同一日都死绝吗？难道姓崔的都跑完吗？两处的《传》都说：“其称尹崔氏何？贬。曷为贬？讥世卿。”（《昭三十一年传》大夫之义不得世，亦同此意）所以昭二十三年书尹氏立王子朝，是说明后一百多年乱国的尹氏，与前一百多年死的尹氏，是同一族人。若从前死了不世袭，何至有后来之祸呢？（《襄二十五年》齐崔杼弑其君光与前文崔氏出奔相应）这就是《春秋》微言大义。此外大夫无遂事（《桓八年》《庄十九年》《僖三十年》《襄二年》《十二年》传文），讥父老子代从政（《桓五年》《九年》传文），都是这个意思。

第六，贵让。《礼运》说：“争夺相杀，谓之人患。”孔子以为一切祸害，都起于争夺，所以最奖励让德。《春秋》记让国之人有八：（一）鲁隐公，（二）（三）宋宣公、缪公，（四）宋公子目夷，（五）卫叔武，（六）曹公子喜时，（七）吴季札，（八）邾叔术。文中都备极奖励。虽有别的罪恶，都为之讳。意思是拿来和当时篡弑之祸，做反对的比照，是一种救世苦心。

第七，恶谖。谖是诈伪，孔子所最恶。《文三年》《襄十四年》《二十六年》《哀六年》《十三年》传文，皆特别发明此义。例如战争本已是罪恶，诈战则罪恶尤重。《繁露》说：“《春秋》恶诈击而善偏战。”（偏战谓约日定地，各居一面鸣鼓而战，不相诈，见《解诂》）又说：“《春秋》之于偏战也，比之诈战则谓之义，比之不战则谓之不义。（俱《竹林篇》，孟子所谓彼善于此，即指偏战）所以兵家“兵不厌诈”之说，儒家是极反对的。用兵尚且如此，其他可知。

第八，重志。《繁露》说：“《春秋》之论事，莫重于志。”（《玉杯篇》）志是指行为的动机。孔子最重动机，拿来做善恶最高标准。所以《论语》说：“苟志于仁矣，无恶也。”《春秋》传中有许多“成其志”“如其志”等文，后世所谓诛心之论，就指此类。（多不具引）这是鞭辟近里的意思，原来是极要的。但专论动机，不问成绩的好坏，也是不对，所以《春秋》有些地方，特别矫正。例如宋宣公让国给兄弟缪公，缪公又让还给侄儿与夷，两位的志，自然都是极好，但因此酿起争端。缪公的儿子冯，到底弑了与夷，结果是不好了。《春秋》虽然嘉许宣缪之让，却说宋之祸宣公为之也。（《隐三年》）可见孔子论善恶，原不专偏于动机一面。

以上八条，不过我个人认为重要的，随手举来。此外《春秋》的大义，不下百条，限于篇幅，恕不多述。就一方面看，《春秋》不算得孔子的法典，所以汉辕固生在窦太后前毁《老子》书，太后翻脸骂他，说“安得司空城旦书乎？”（司空城旦，汉刑律名）但孔子奉是主张礼治主义的人，说《春秋》全是法典性质，也有点不对。

董仲舒说《春秋》有十指，前三指最为握要。他说：“举事变见有重焉，一指也。见事变之所至者，二指也。因其所以至者而治之，三指也。（《繁露·十指篇》）事变之所至是结果，所以至者是原因。既知原因，想方法对治他，以求免于恶结果，便是作《春秋》的本意。

第六节　结论

一、时中的孔子

孔子说：“中庸其至矣夫，民鲜能久矣。”（《论语》）又说：“君子之中庸也，君子而时中。”（《礼记·中庸》）时中两个字，确是孔子学术的特色。

中是就空间言，不偏走于两极端，常常取折衷的态度；加上一个庸字，是归于适用的意思。孔子赞美大舜说：“执其两端，用其中于民。”（《礼记·中庸》）这两句是中庸最好的注脚。又说：“我叩其两端而竭焉。”（《论语》）是说从两极端推寻出真理。又说：“攻乎异端，斯害也已。”（《论语》）异端即两端，攻即《诗经》“可以攻玉”之攻，是修治的意思。已，止也。孔子的意思说：凡两极端所主张，都含有一面真理，但都各有各毛病。若像攻玉的样子来修治他一番，他的毛病就去掉了。孔子一切学说，都含有这种精神。

例如杨朱的“为我”，极端的主张自己本位说；墨子的“兼爱”，极端的主张牺牲自己，专务利他。孔子的人格说主张“相人偶”的“仁”，用“恕”的方格从两端推验出来，所以“己欲立而立人，己欲达而达人”。这便是执杨、墨两端求得中庸。又如道家说“法令滋彰，盗贼多有”，极端的反对法治；法家说“以法治国国之福，不以法治国国之贼”，极端的崇拜法治。孔子却从中间寻出个礼治主义来。又说：“出于礼者入于刑。”他的《春秋》，便一半含有礼制的性质，一半含有法律的性质。这便是执道、法两端求得中庸。又如老子说“其鬼不神”，墨子说“明鬼”。孔子却说个“体物不遗”“如在其左右”的“鬼神之德”，说鬼神有主观的存在，没有客观的存在。这又是执老、墨两端求得的中庸。又如老子极端的主张“绝欲”，慎到闹到“非生人之行而至死人之理”，陈仲子闹到“必蚓而后可”；杨朱和他相反，极端的主张“乐生逸身”。孔子讲的礼，却是“因人之情而为之节文”，饮食男女的情欲，是应该尊重的，但须加以品节。所以他自己一面是“食不厌精，脍不厌细”，一面是“饭疏食，饮水，曲肱而枕之，乐亦在中”。这又是执老、杨的两端求得的中庸。又如棘子成反对当时文胜的流弊，说“君子质而已矣，何以文为”，本也含一面真理。孔子嫌他太偏了，说出个“文质彬彬，然后君子”。或人问：“以德报怨何如？”要矫正人类谿刻计较的恶性，本也甚好。孔子因为如此便行不通，说出个“以直报怨以德报德”。这都是折衷适用的意思；所以叫做中庸。以上所说，不过随手举几个例，其实孔子学说的全部，都是如此。

孔子主张这种中庸主义，有什么根据呢？《中庸》说：

> 万物并育而不相害，道并行而不相悖。

《易·系辞传》说：

> 天下同归而殊涂，一致而百虑。

孔子是最崇信自然法的人。他以为自然法的好处，因为自然界本身有自然的调和力，所以能“至赜而不可恶”，“至动而不可乱”。因为有调和力，所以不妨“并育”“并行”，而且非并育并行显不出调和力来；因为有调和力，所以能“同归”“一致”，却是非“殊涂”“百虑”，那调和力便无所依据。孔子学说的立脚点，在效法自然。中庸是效法他调和的结果，并育并行，是供给调和的资料。

孔子主张调和，不主张排斥。因为他立在中间，看见那两极端所说，都含有一面真理，所以不肯排斥他。墨子便不然，他立在这一个极端，认为真理，觉得那一个极端是真理的反面，非排斥不可。所以他的书中，非什么非什么的篇名，有许多出来。孔子是最尊重思想自由的人，他的书里头，从没有一句排除异己的话。（有人说孔子杀少正卯，岂不是压制思想自由？我说这件事决不是事实。《史记·孔子世家》虽然有“诛乱政大夫少正卯”八个字，但《史记》有许多后人窜入的话，本来不可尽信，就是太史公选择材料，也非字字精审。再让一步说，《史记》这八个字靠得住，也许是杀了一个凶虐不奉职的人。至于说他的罪名是“其居处足以聚徒成党，其谈说足以饰褒荧罪，其强御足以反是独立”，这是出晋王肃伪撰的《孔子家语》，断断信不得的。我想孔子是主张礼治主义的人，像法家的杀人立威，他是根本反对的。后来伪书最喜欢讲齐太公诛华士、子产杀邓析、孔子杀少正卯三事，三个被杀的人罪名都是一样，太公、子产、孔子异时异地不谋而合，做了三篇印板文章，天下那有这情理？所以我要替他三位辨冤。）后来儒家两位大师，孟子距杨墨，荀于非十二子，虽说是不得已，已经失却孔子精神了。至于李斯教秦始皇“别黑白而定一尊”，董仲舒教汉武帝“表章六艺罢黜百家”，更是和孔子精神相反。因为这种做法，便是极端，不是中庸了。

中国为什么能产生这种大规模的中庸学说呢？我想：地势气候人种，都有关系。因为我们的文明，是发育在大平原上头。平原是没有什么险峻恢诡的形状，没有极端的深刻，也没有极端的疏宕，没有极端的忧郁，也没有极端的畅放。这块大平原，位置在温带，气候四时具备，常常变迁，却变迁得不甚激烈，所以对于自然界的调和性看得最亲切，而且感觉他的善美。人类生在这种地方，调和性本已应该发达。再加以中华民族，是由许多民族醇化而成，若各执极端，醇化事业便要失败。所以多年以来，调和性久已孕育。孔子的中庸主义，可以说都是这种环境的产物。

和孔子相先后的哲学家恁么多，为什么二千年来的中国，几乎全被孔学占领呢？世主的特别提倡，固然是一种原因，但学说的兴废断不是有权势的人能够完全支配，一定和民族性的契合反拨，有一种针芥相投的关系。我们这平原民族温带民族，生来就富于调和性，凡极端的事物，多数人总不甚欢迎。所以极端的思想，虽或因一时有人提倡主持，像很兴盛，过些时候，稍为松劲，又反到中庸了。孔子学说，和这种民族特性最相契合，所以能多年做思想界的主脑，就是为此。

然则中庸主义是好呀，还是坏呢？我说：两面都有。好处在他的容量大，从没有绝对排斥的事物。若领略得他的真意义，真可以做到“鱼相忘于江湖，人相忘于道术”。所以中国人争教流血的笑话，始终没有闹过。佛教基督教和各种学术从外国输入，我们都能容纳。中庸主义若从这方面发展出去，便是平等自由的素质了。坏处在容易却没个性。凡两种事物调和，一定各各把他原有的性质，绳削了一部分去，这就是把他个性损坏了。专重调和的结果，一定把社会事务轮廓，弄得囫囵不分明。流弊所极，可以把社会上千千万万人，都像一个模型里铸出来，社会变成死的不是活的了。我想孔子时代的中庸主义，还没有多大毛病，越久了毛病越显著。后来中庸主义和非中庸主义，却成了对峙的两极端，中庸这个名词，已经变质了。依着老子说“一生二，二生三”的道理，甲与非甲两极端，生出个第三者的乙来，叫做中庸。此后怕是乙与非乙两极端，再生出个第三者的丙来，叫做新中庸罢。

孔子的中庸，还含有时间性，所以说“时中”。《易传》

说："随时之义大矣哉！"又说："与时偕行。"全部《易经》，说"时"字的几于无卦不有。《春秋》的三世，也是把时的关系，看的最重。因为孔子所建设的是流动哲学，那基础是摆在社会的动相上头，自然是移步换形，刻刻不同了。"时中"，就是从前际后际的两端，求出个中来适用。孔子因把"逝者如斯"的现象看得真切，所以对于时的观念，最为明了。"生乎今之世反古之道"，是他所反对的；"虽百世可知"，却是要有所损益。简单说，孔子许多话，都像演电影似的，截头截尾，就教你在白布上颤动的那一段落来注意。若不懂得时间的意味，便觉他有许多话奇怪了。孟子上他个徽号，说是"圣之时"。真是不错！孔子"中"的观念，容或还有流弊，这"时"的观念，却是好极了。我们能受他"与时偕行"的教训，总不要落在时代的后头，那么，非惟能顺应，而且能向上了。

二、孔子之人格

我屡说孔学专在养成人格。凡讲人格教育的人，最要紧是以身作则，然后感化力才大。所以我们要研究孔子的人格。

孔子的人格，在平淡无奇中现出他的伟大，其不可及处在此，其可学处亦在此。前节曾讲过，孔子出身甚微。《史记》

说“孔子贫且贱”，他自己亦说“吾少也贱”。（孟子说孔子为委吏乘田，皆为贫而仕。）以一个异国流寓之人，而且少孤，幼年的穷苦可想，所以孔子的境遇，很像现今的苦学生，绝无倚靠，绝无师承，全恃自己锻炼自己，渐渐锻成这么伟大的人格。我们读释迦、基督、墨子诸圣哲的传记，固然敬仰他的为人，但总觉得有许多地方，是我们万万学不到的。惟有孔子，他一生所言所行，都是人类生活范围内极亲切有味的庸言庸行，只要努力学他，人人都学得到。孔子之所以伟大就在此。

近世心理学家说，人性分智（理智）、情（情感）、意（意志）三方面。伦理学家说，人类的良心，不外由这三方面发动。但各人各有所偏，三者调和极难。我说，孔子是把这三件调和得非常圆满，而且他的调和方法，确是可模可范。孔子说“知仁勇三者，天下之达德”，又说“知者不惑，仁者不忧，勇者不惧”。知，就是理智的作用；仁，就是情感的作用；勇，就是意志的作用。我们试从这三方面分头观察孔子。

（甲）孔子之知的生活。孔子是个理智极发达的人。无待喋喋，观前文所胪列的学说，便知梗概。但他的理智，全是从下学上达得来。试读《论语》“吾十有五”一章，逐渐进步的阶段，历历可见。他说“我非生而知之者，好古敏以求之者也”，又说“十室之邑，必有忠信如丘者焉，不如丘之好学也”。可见孔子并不是有高不可攀的聪明智慧。他的资质，原只是和我们一样；他的学问，却全由勤苦积累得来。他又说：“君子食无求饱，居无求安，敏于事而慎于言，就有道而正焉。可谓好学也已矣。”解释好学的意义，是不贪安逸，少讲闲话，多做实事；常常向先辈请教，这都是最结实的为学方法。他遇有可以增长学问的机会，从不肯放过：郯子来朝便向他问官制；在齐国遇见师襄，便向他学琴；入到太庙，便每事问。那一种遇事留心的精神，可以想见。他说：“学如不及，犹恐失之。”又说：“学之不讲，是吾忧也。”可见他真是以学问为性命，终身不肯抛弃。他见老子时，大约五十岁了，各书记他们许多问答的话，虽不可尽信，但他虚受的热忱，真是少有了。他晚年读《易》“韦编三绝”，还恨不得多活几年，好加功研究。他的《春秋》，就是临终那一两年才著成。这些事绩，随便举一两件，都可以鼓励后人向学的勇气。像我们在学堂毕业就说我学问完成，比起孔子来，真要愧死了。他自己说：“其为人也，发愤忘食，乐以忘忧，不知老之将至云尔。”可见他从十五岁到七十三岁，无时无刻不在学问之中。他在理智方面，能发达到这般圆满，全是为此。

（乙）孔子之情的生活。凡理智发达的人，头脑总是冷静的，往往对于世事，作一种冷酷无情的待遇。而且这一类人，生活都会单调性，凡事缺乏趣味。孔子却不然。他是个最富于同情心的人，而且情感很易触动。“子食于有丧者之侧，未尝饱也；子见齐衰者，虽狎必变，凶服必式之”。可见他对于人之死亡，无论识与不识，皆起恻隐，有时还像神经过敏。朋友死，无所归，子曰“于我殡”。孔子之卫，遇旧馆人之丧，入而哭之，一哀而出涕。颜渊死，子哭之恸。这些地方，都可证明孔子是一位多血多泪的人。孔子既如此一往情深，所以哀民生之多艰，日日尽心，欲图救济。当时厌世主义盛世，《论语》所载避地避世的人很不少。那长沮说：“滔滔者，天下皆是也。而谁与易之？”孔子却说：“鸟兽不可与同群，吾非斯人之徒与而谁与？天下有道，丘不与易也。”可见孔子栖栖皇皇，不但是为义务观念所驱，实从人类相互间情感发生出热力来。那晨门虽和孔子不同道，他说“是知其不可而为之者与”，实能传出孔子心事。像《论语》所记那一班隐者，理智方面都很透亮，只是情感的发达，不及孔子。（像屈原一流情感又过度发达了）

孔子对于美的情感极旺盛，他论韶武两种乐，就拿尽美和尽善对举。一部《易传》，说美的地方甚多（如乾之以美利利天下，如坤之美在其中）。他是常常玩领自然之美，从这里头，得着人生的趣味。所以他说“天何言哉？四时行焉，百物生焉，天何言哉”，说“知者乐水，仁者乐山”。前节讲的孔子赞《易》全是效法自然，就是这个意思。曾点言志，说“浴乎沂，风乎舞雩，咏而归”，孔子喟然叹曰“吾与点也”。为什么叹美曾点，因为他的美感，能唤起人趣味生活。孔子这种趣味生活，看他笃嗜音乐，最能证明。在齐闻韶，闹到三月不知肉味，他老先生不是成了戏迷吗？“子于是日哭，则不歌”，可见他除了有特别哀痛时，每日总是曲子不离口了。“子与人歌而善，必使反之而后和之”，可见他最爱与人同乐。孔子因为认趣味为人生要件，所以说“不亦说乎”？“不亦乐乎”？说“乐以忘忧”，说“知之者不如好之者，好之者不如乐之者”。一个“乐”字，就是他老先生自得的学问。我们从前以为他是一位干燥无味方严可惮的道学先生，谁知不然。他最喜欢带着学生游泰山游舞雩，有时还和学生开玩笑呢（夫子莞尔而笑……前言戏之耳）。《论语》说“子温而厉，威而不猛，恭而安”，正是表现他的情操恰到好处。

（丙）孔子之意的生活。凡情感发达的人，意志最易为情感所牵，不能强立。孔子却不然，他是个意志最坚定强毅的人。齐鲁夹谷之会，齐人想用兵力劫制鲁侯，说孔丘知礼而无勇，以为必可以得志。谁知孔子拿出他那不畏强御的本事，把许多伏兵都吓退了。又如他反对贵族政治，实行堕三都的政策，非天下之大勇，安能如此？他的言论中，说志说刚说勇说强的最多。如“三军可夺帅也，匹夫不可夺志也”，这是教人抵抗力要强，主意一定，总不为外界所摇夺。如“君子和而不流，强哉矫；中立而不倚，强哉矫；国有道，不变塞焉，强哉矫；国无道，至此不变，强哉矫”，都是表示这种精神。又说“志士仁人，无求生以害仁，有杀身以成仁”。又说“志士不忘在沟壑，勇士不忘丧其元”，教人以献身的观念。为一种主义或一种义务，常须存以身殉之之心。所以他说“仁者必有勇”，又说“见义不为无勇也”。可见讲仁讲义，都须有勇才成就了。孔子在短期的政治生活中，已经十分表示他的勇气，他晚年讲学著书，越发表现这种精神。他自己说“学而不厌，诲人不倦”，这两句语看似寻常，其实不厌不倦，是极难的事。意志力稍为薄弱一点的人，一时鼓起兴味做一件事，过些时便厌倦了。孔子既已认定学问教育是他的责任，一直到临死那一天，丝毫不肯松劲。不厌不倦这两句话，真当之无愧了。他赞《易》，在第一个乾卦，说“天行健，君子以自强不息”，自强是表意志力，不息是表这力的继续性。

以上从知情意即知仁勇三方面分析综合，观察孔子。试把中外古人，别的伟人哲人来比较，觉得别人或者一方面发达的程度过于孔子，至于三方面同时发达到如此调和圆满，直是未有其比。尤为难得的，是他发达的径路，很平易近人，无论什么人，都可以学步。所以孔子的人格，无论在何时何地，都可以做人类的模范。我们和他同国，做他后学，若不能受他这点精神的感化，真是自己辜负自己了。

三、孔门弟子及后学

孔子虽如此伟大，他门弟子中却没有很出类拔萃的人物，或者为孔子所掩，也未可知。颜渊、子路两位，想是很了不得，但可惜都早死了。有若年齿最尊，算是孔门长老。子夏、子游、子张都佩服他，曾子却不敢苟同。大概孔子卒后，孔门或分有、曾两派。曾子注重内省之学，传授子思《大学》《中庸》两篇，就是这一派学说的精华，后来开出孟子。有子之学，像是重形式，言动都似圣人。子夏子游子张，和他同调，都注重外观的礼乐，一部《礼记》，多半是这一派的记述。后来荀子，和这一派的渊源，像有点接近。但这不过我个人的推测。据《荀子·非十二子篇》，骂子思孟轲那一段有两句话说，“以为仲尼子游为兹厚于后世，像思轲之学”，和子游有点渊源，或者《礼运》的大同由子游展转传到孟子，也未可定。《非十二子篇》又有“仲尼子弓是也”一句，荀子如此推尊子弓，把他和仲尼并称，或者荀学和仲弓有点渊源，也未可知。

据《非十二子篇》，知荀子时儒家派别，有子张氏之儒、子夏氏之儒、子游氏之儒，并子思孟轲，共为四派。荀子立于此四派之外，共为五派。据《韩非子·显学篇》说，儒分为八，有子张之儒、有子思之儒、有颜氏之儒、有孟氏之儒、有漆雕氏之儒、有仲良氏之儒、有孙氏之儒（即荀卿）、有乐正氏之儒。想以上各家，都各有他的特色，终分出派别来。可惜内中有几派，学说全然失传。颜氏之儒，想是宗法颜回，如今一无可考了。漆雕氏之儒，是漆雕开传下来。《论语》记：子使漆雕开仕。对曰：吾斯之未能信。可见这人很有点倔强，不愿做官。《显学篇》说漆雕氏一派“不色挠，不目逃，行曲则违于臧获，行直则怒于诸侯”，他纯从意志刚强方面效法孔子，成为孔门的武侠派。或者孟子书中的北宫黝孟施舍，都是这一派，也未可知。《汉书·艺文志》有《漆雕子》十三篇，可惜佚去了。子张在孔门中，气象最为阔大，曾子、子夏、子游都不甚以他为然（子游曰：“吾友张也，为难能也，然而未仁。”曾子曰：“堂堂乎张也，难与并为仁矣。”），所以他自成一派。子游南教于吴楚，或者南方儒学，多出其传。乐正氏即乐正子春，与子思同出曾子。子思广大精微，乐正却极其拘谨。“下堂而伤其足，三月不出，犹有忧色。”（《礼记·檀弓》）确是曾子战战兢兢临深履薄的意思，所以和思孟分驰。仲良氏不见他书。据《孟子》书楚国有位陈良，北学于中国，北方之学者未能或之先，不知是他不是。

要之，以上两书所举儒家十派（除去重复），除后起的孟子荀卿有专书可考外，其馀大半失传（《汉书·艺文志》有《子思》二十三篇，今仅存《中庸》一篇），但揣想当时最有势力，且影响于后来最大的，莫如子夏一派。子夏最老寿，算起来当在百零六岁以上。门弟子自然众多，而且当时中原第一个强国的君主魏文侯，受业其门，极力提倡，自然更得势了。后来汉儒所传“六经”，大半溯源子夏，虽不可尽信，要当流传有绪。所以汉以后的儒学，简直可称为子夏氏之儒了。

子夏在孔门，算是规模最狭的人。孔子生时已曾警戒他道：“女为君子儒，无为小人儒。”他自己尚且器量很小，门弟子更不消说了。所以当时同学，就很不满意。子游说：“子夏之门人小子，当洒扫应对进退，则可矣。抑末也，本之则亡如之何？”他论交友，主张可者与之，其不可者拒之。他的门人述以问子张，子张就说孔子不如此说，是应该尊贤而容众，嘉善而矜不能。看这几段，子夏学问的价值，和教育的方法，可以推见了。荀子说："正其衣冠，齐其颜色，嗛然而终日不言，是子夏氏之贱儒"（《非十二子篇》），把子夏门下那班人迂阔拘谨专讲形式的毛病，可谓形容尽致。孔门各派都中绝，惟此派独盛，真算孔子大大的不幸。怪不得墨子看不上这些陋儒，要起革命军了。

第三编　墨子学案

就坚苦实行这方面看来，墨子真是极像基督。若有人把他钉十字架，他一定含笑不悔。当时墨者的气象所以能如此其好，大半是受墨子人格的感化；他门下的人物，比孔门强多了；所以能成为一时的“显学”。

自叙

十余年前，曾著《中国学术思想变迁之大势》一篇，刊于《新民丛报》。当时即欲将诸家学说，各为专篇，示其梗概，久而未成。尔后日有掔索，所得渐进于昔；而亦益不敢自信。欲有所写定，恒欿然而止。去冬，应清华学校之招，为课外讲演，讲国学小史。初本拟讲十次，既乃赓续至五十次以上，讲义草稿盈尺矣。诸生屡以印行为请。顾兹稿皆每日上堂前临时信笔所定，多不自惬意。全书校定，既所未能，乃先取讲墨子之一部分，略删订以成此本。吾当以为著者而作名山之思者，皆我慢耳。学问之道，进化靡有止诣。欲以一人一时之精力智慧完成一种学问，万无是处。然则无论若何矜慎刻苦，其所得者亦必仅一部分而止；而疏漏误谬，乃终不得免。人人各自贡其所得之一部分，以唤起社会研究之兴味；其疏漏误谬，则自必有人焉补苴而匡正之；斯学术之所以见其进未见其止也。若启超者，性虽嗜学，而爱博不专；事事皆仅涉其樊，而无所刻入；何足以言著述？故年来丛稿，高可隐人，辄以阁庋，不敢问世。今誓发愿，破除求完求美之妄念，悉取其所曾肆力者稍加整治，次第布之，以俟世之君子痛绳而精削焉。兹编其嚆矢也。民国十年四月五日启超记。

吾昔年曾为《子墨子学说》及《墨子之论理学》二篇，坊间有汇刻之名为《墨学微》者。今兹所讲，与少作全异其内容矣。胡君适之治墨有心得，其《中国哲学史大纲》，关于墨学多创见。本书第七章，多采用其说。为讲演便利计，不及一一分别征引，谨对胡君表谢意。

著者又识

第二自叙

本书既概述墨学之全体大用，而结论则太息于秦汉以后墨学之中绝。及细思之，而有以知其未尽然也。凡一切众生所造之共业不共业，其种子必持续于后而永不灭。虽极微细之事尚且有然，况墨学者，战国二百余年间，其言盈天下；而谓易代之后，遂如饕风卷叶，一扫无迹；天下宁有是理？吾尝谛观思惟，则墨学精神，深入人心，至今不坠，因以形成吾民族特性之一者，盖有之矣。墨教之根本义，在肯牺牲自己。《墨经》曰："任：士损己而益所为也。"（为读去声）《经说》释之曰："任：为身之所恶以成人之所急。"墨子之以言教以身教者，皆是道也。是道也，秦汉以后士大夫信奉者盖鲜；而其统乃存于匹夫匹妇。今试行穷乡下邑，辄见有弱嫠襁负呱呱之子襤褛而行乞者。吾人习见，莫之或奇，莫之或敬也。而不知此种行为之动机，乃纯出于“损己而益所为”，纯是“为身之所恶以成其子之所急”。其在文化与我殊系之民族，则妇女为葆其肤颜之美姣而弃子弗字者，比比然矣。恒见在壮夫侍其老羸废疾之父母昆弟，因以废其固有之职业，虽有百艰而不肯舍去。亦有齿落发白垂尽之年，不肯稍自暇逸，汲汲为其子孙谋者。若此之类，就一方面论，或可谓为妨害个性之发展。就他方面论，则互助精神，圆满适用，而社会之所由密集而永续也。夫所谓“摩顶至踵利天下”者，质言之，则损己以利他而已。利亿万人因利他，利一二人亦利他也。泛爱无择固利他，专注于其所亲亦利他也。己与他之利不可得兼时，当置他于第一位而置己于第二位，是之谓“损己而益所为”，是之谓墨道。今之匹夫匹妇，曷当诵墨子书？曷当知有墨子其人者？然不知不识之中，其精神乃与墨子深相悬契。其在他国，岂曰无之？然在彼则为畸行，在我则为庸德。呜呼！我国民其念之：此庸德者非他，乃墨翟、禽滑釐、孟胜、田襄子诸圣哲，溅百余年之心力以莳其种于我先民之心识中，积久而成为国民性之一要素焉。我族能继继绳绳与天地长久，未始不赖是也。复次：我国人二千年来言军旅之事，其对于开边黩武，皆轻贱而厌恶之；对于守土捍难，则最所尊崇。若关羽、张巡、岳飞之流，千百年后妇人孺子犹仰之如天神者，皆捐躯于所职以卫国土御外难者也。此种观念，皆出于墨子之非攻而尊守。故吾国之豪杰童话，与他国多异其撰。故吾国史迹中，对外虽无雄略，且往往受他族蹂躏；然始终能全其祖宗疆守勿失坠，虽百经挫挠而必光复旧物者，则亦墨子之怯于攻而勇于守，其教入人深也。而斯义者，则正今后全世界国际关系改造之枢机，而我族所当发挥其特性以易天下者也。吾复校所讲竟，得此二义，辄写以为第二序。既以见学术之影响于国民性者至巨，且以见治古学者之当周于世用也。至墨子之经济理想，与今世最新之主义多吻合；我国民畴昔疑其不可行者，今他人行之而底厥绩焉；则吾书中既详哉言之矣。

四月五日　启超再记

第一节　总论

一、墨子之生地及年代

太史公不为墨子立传，仅于《孟子荀卿传》末附载二十四个字云："盖墨翟宋之大夫，善守御，为节用。或曰并孔子时，或曰在其后。"我们想在正史里头研究这位圣人的履历，所得乃仅如此，真失望极了。因为史文阙略，所以他的籍贯年代，都很发生问题。或说是鲁人（《吕览》高诱注），或说是宋人（葛洪《神仙传》，《文选》李善注、《荀子》杨倞注），或说是楚人（毕沅《毕子授堂文钞注序》、武亿《墨子跋》）。宋人之说，因《史》《汉》都说墨子尝为宋大夫，所以传误。据《公输篇》有"归而过宋"一语，其非宋人可证。楚人之说，不见于旧书，毕沅、武亿辈好奇。因墨子与鲁阳文君有关系，谓鲁当鲁阳。鲁阳，楚邑，墨子遂变成楚人了。考《贵义篇》称"墨子南游于楚"，若自楚之鲁阳往，当游郢，不当云游楚。又称"墨子南游使卫"，若自鲁阳往卫，当云北游。《渚宫旧事》载："鲁阳文君说楚惠王，曰：'墨子北方贤圣人。'"其非楚人鲁阳人更可知。《吕氏春秋·慎大篇》

云："公输般将以楚攻宋。子墨子闻之，起自鲁，十日十夜至郢。"鲁阳距郢，不应如是其远，必为鲁国之鲁无疑。据此看来，墨子鲁人之说，当为近真。

墨子为宋大夫之说，除《孟荀传》外，还见于《汉书·艺文志》，但我也不敢深信。查本书中，绝无曾经仕宋的痕迹。太史公或因墨子曾救宋难，所以说他仕宋。其实墨子救宋，专为实行他的兼爱非攻主义，那里论做官不做官呢。墨子曾说："道不行不受其赏，义不听不处其朝。"（《贵义篇》）当时的宋国，就会行其道听其义吗？墨子是言行一致的人，如何肯立宋之朝！所以我想，墨子始终是个平民，没有做过官的。

年代问题，越发复杂了，《史记》引或说"并孔子时"。毕沅的考据，说他周赧王二十年还生存，前后相去二百多年。据我的意见，考证这问题，当以本书所记墨子亲见的人亲历的事为标准，再拿他书所记实事做旁证反证。我所信的，是郑繻公被弑后三年（西纪前三九〇），墨子还未死。吴起死时（前三八一），墨子却已死了。墨子之死，总不出这前后八年间。上推他的生年，总不能比公输般小过三十岁。公输般是孔子卒前十年已生的。所以我推定：

墨子生于周定王元年至十年之间（西纪前四六八至前

四五九），约当孔子卒后十余年。（孔子卒于前四七九）

墨子卒于周安王十二年至二十年之间（西纪前三九〇至前三八二），约当孟子生前十余年（孟子生于前三七二）。

我另有一篇《墨子年代考》附在卷末，今不赘述。墨子的生地和年代，既大略确定，就可以观察他的环境，研究他学说的渊源了。

二、墨子的环境及其学说渊源

第一，古代封建社会阶级政治，春秋中叶发达至极，此后便盛极而衰了。孔子对于这种社会，虽常常慨叹他的流弊，想加以矫正。但孔子并没有从新改造的觉悟，不过欲救末流之弊，恢复原有的好处。墨子生孔子之后，时势变迁，越发急转直下。墨子又是个极端的人，不像孔子那种中庸性格，他觉得旧社会整个要不得，非从根本推翻改造不可。所以他所提倡几个大主义，条条都是反抗时代潮流，纯带极端革命的色彩。革除旧社会，改造新社会，就是墨子思想的总根源。

第二，"尚文"本是周代的特色，到春秋末年，"文胜"的弊端，越发显著，渐渐成为虚伪的社会。所以，棘子成一派人，已经愤慨，说道："君子质而已矣，何以文为？"（《论语》）孔子作《春秋》，虽说是"变周之文，从殷之质"（《公羊传》），但孔子终是个中庸的人，固然不愿意“文胜质则史”，也不愿意“质胜文则野”，始终取调和态度。墨子以为这样救不了时弊，所以毅然决然，“背周道而用夏政”（《淮南子·要略》）。

第三，墨子是看着三家分晋，田氏篡齐，楚越极盛强，秦也将次崛起。几百年的世家，没有几家能保全。那些小国，都是朝不保暮，眼见战国时代“杀人盈城，杀人盈野”的惨状，跟着就来。那向戎一流的“弭兵谈”，是挽不转这种狂澜了。他要从社会心理上施一番救济，所以提倡“兼爱”。再从“兼爱”的根本观念上，建设“非攻”主义。

第四，贵族的奢侈，自古已然。春秋战国之间，国愈大，物力愈丰，专制力愈强，奢侈的程度也跟着愈甚。再加以当时经济状况变迁，经济上的兼并与政治上的兼并骈进。观范蠡三致千金，子贡结驷连骑，可想见当时富族阶级的势力了。贵富两族，相竞于奢侈，平民资产，被掠日甚。所以墨子特注意经济组织的改造，要建设一种劳力本位的互助社会。

第五，墨子是一个无权无勇的人，他的主义，有什么方法能令他实现呢？他是个大慈善家，断不肯煽动人民流血革命，而且那时也不是群众运动的时代。他没有法子，只好利用古代迷信的心理，把这新社会建设在宗教基础之上。他的性格本来是敬虔严肃一路，对于古代宗教，想来也有热诚的信仰，所以借“天志”“明鬼”这些理论，来做主义的后援。

第六，墨子时，老子学说在社会上已很占势力。老采绝对的自由放任主义，所以说“无为而治”，说“不尚贤使民不争”。墨子注重“人为”，以为天下事没有委心任运做得好的。所以他主张干涉主义，主张贤人政治。他的篇名叫做《尚贤》，和老子的“不尚贤”正相反。他说要“上同而不下比”（《尚同上》），压制人民自由，实行“有为而治”主义，都是对于老学的反动。

第七，墨子生于鲁国，又当儒学极盛之时。鲁号称守礼之邦，是周代旧式文明的代表。儒学受了这影响，本来已带几分保守的色彩。尤可惜者，孔子卒后，诸大弟子相继沦丧。独子夏享高寿，且为魏文侯师，所以他这派独盛行。子夏本是规模最狭的人，并不能传孔学真相，于是儒者专讲形式，渐渐腐败下去了。墨子少年，也曾“学儒者之业，受孔子之术。既乃以为其礼烦扰，伤生害事，糜财贫民”（《淮南子·要略》），于是自树一帜。所以墨子创教的动机，直可谓因反抗儒教而起。本书《鲁问篇》举出反对儒教的理由四件，说道：

儒之道足以丧天下者四政焉：儒以天为不明，以鬼为不神，天鬼不说，此足以丧天下；又厚葬久丧，重为棺椁，多为衣衾，送死若徙，三年哭泣，扶然后起，杖然后行，耳无闻，目无见，此足以丧天下；又弦歌鼓舞，习为声乐，此足以丧天下；又以命为有贫富寿夭、治乱安危，有极矣，不可损益也，为上者行之，必不听治矣，为下者行之，必不从事矣，此足以丧天下。

墨子因儒者不说天鬼，所以说“天志”“明鬼”；因为儒者厚葬久丧，所以要“节葬”；因为儒者最重音乐，所以“非乐”；因为儒者信命运，所以“非命”。这四个主义，都是对于孔学的反动。

［附言］这四件事中，第一、第三、第四，都是孔学的要点，独第二件说孔子主张厚葬，未免冤枉了。《论语》记“颜渊死，门人欲厚葬之，孔子不可。门人厚葬之，子曰：‘回也。视予犹父也，予不得视犹子也。’”《吕氏春秋·安死篇》记“季孙有丧，孔子往吊。主人以璠玙收，孔子径庭而趋，历级而上，曰：‘以宝玉收，譬之犹暴骸中原也。’”此皆孔子反对厚葬之证。但孔子凡事中庸，虽反对厚葬，亦不如墨子之极端薄葬耳。至于三年丧制，确是孔子所主张。墨子之节葬论，其主要之点在反对久丧，所以“节葬”也算得孔学反动。

第八，当时社会恶浊，厌世思想很发达。《论语》所记晨门荷蒉、楚狂接舆、丈人长沮、桀溺一流人，都是看不过社会现状，气愤起来，打独善其身的主意。还有原壤杨朱这一派，看得更破，索性自己放恣了。墨子以为厌世乃志行薄弱的人的行径。世界本由人造成的，固然不可厌，也不该厌，所以反抗这种潮流，“摩顶放踵利天下为之”。至于杨朱一派，墨子更觉他可鄙了，所以反抗他“要以自苦为极”。（《庄子·天下篇》）

三、墨子书

墨子这部书，《汉书·艺文志》说是七十一篇，《隋书·经籍志》以下各家记录，都说是十五卷。今本卷数同《隋志》，篇数却只有五十三篇，已亡了十八篇。（内八篇尚有目录，十篇并录亦亡）而内中尚有三篇，决非墨家言，只算存得五十篇了。

《墨子》在先秦诸子中，最为难读。第一件，因为这部书经孟子排斥过后，二千余年来的儒者，无人过问。所以没有注释，没有校勘，脱简讹文，触目皆是。近年来经毕沅、王念孙、孙诒让等校注之后，比前易读多了，然不可解的地方仍不少。第二件，原书本来是质而不华，有许多当时的白话，今日极难索解。然则他为什么用这种文体呢，有位墨者田鸠（《汉书·艺文志》有《田俅子》三篇，即此人所著），曾说明这个理由：

> 楚王谓田鸠曰："墨子者，显学也。……其言多而不辩，何也？"曰："昔秦伯嫁女于晋公子……从文衣之媵七十人。至晋，晋人爱其妾而贱公女，此可谓善嫁妾而未可谓善嫁女也。……墨子若辩其辞，则恐人怀其文而忘其用，直以文害用也。"（《韩非子·外储说左上篇》）

观此可知墨子文辞朴僿，是有意为之。内中还有许多枝蔓拖沓的地方，非留心细读，不能得其真意。但全书出于墨子自著者很少，不可不知。

现存五十三篇，胡适把他分为五组，分得甚好。但我的意见，和胡氏微有异同。今采用他的分类，别为解释：

第一类（卷一）

甲　亲士、修身、所染

这三篇非墨家言，纯出伪托，可不读。

乙　法仪、七患、辞过、三辩

这四篇是墨家记墨学概要，很能提纲挈领，当先读。

第二类

尚贤上中下（卷二）

尚同上中下（卷三）

兼爱上中下（卷四）

非攻上中下（卷五）

节用上中下、节葬下（卷六）

天志上中下（卷七）

明鬼下、非乐上（卷八）

非命上中下、非儒下（卷九）

这十个题目二十三篇，是墨学的大纲目，墨子书的中坚。篇中皆有“子墨子曰”字样，可以证明是门弟子所记，非墨子自著。每题各有三篇，文义大同小异，盖墨家分为三派，各记所闻。（《非儒下》无“子墨子曰”字样，不是记墨子之言）

第三类

经上下、经说上下（卷十）

大取、小取（卷十一）

这六篇，鲁胜叫它做《墨辩》，大半是讲论理学。《经上下》当是墨子自著。《经说上下》当是述墨子口说，但有后学增补。《大取》《小取》是后学所著。

第四类

耕柱（卷十一）

贵义、公孟（卷十二）

鲁问、公输（卷十三）

这五篇是记墨子言论行事，体裁颇近《论语》。

第五类

备城门、备高临、备梯、备水、备突、备穴、备蛾传（卷十四）

迎敌祠、旗帜、号令、杂守（卷十五）

这十一篇是专言守御的兵法，可缓读。

欲治《墨子》，应据之校注本及应阅之参考书如下：

毕沅《墨子注》（经训堂本，浙江局刻本）

孙诒让《墨子间诂》（日刻本）

王念孙《读墨子杂志》（《读书杂志》内）

张惠言《墨子经说解》（神州国光社本）

梁启超《墨学微》（商务印书馆饮冰室丛著本）

梁启超《墨经校释》（新印本）

胡适《中国哲学史大纲》（北京大学丛书本）

第二节　墨学之根本观念——兼爱

墨学所标纲领，虽有十条，其实只从一个根本观念出来，就是兼爱。孟子说："墨子兼爱，摩顶放踵利天下为之。"这两句话实可以包括全部《墨子》。"非攻"是从兼爱衍出来，最易明白，不用多说了。"节用""节葬""非乐"，也出于兼爱。因为墨子所谓爱是以实利为标准；他以为有一部分人奢侈快乐，便损了别部分人的利了；所以反对他。"天志""明鬼"，是借宗教的迷信来推行兼爱主义。"非命"，因为人人信有命便不肯做事不肯爱人了；所以反对他。

墨子讲兼爱，常用"兼相爱交相利"六字连讲，必合起来，他的意思才明。兼相爱是理论，交相利是实行这理论的方法。兼相爱是托尔斯泰的利他主义，交相利是科尔普特金的互助主义。试先述墨子兼爱的理论：

> 圣人以治天下为事者也，不可不察乱之所自起。当察乱何自起？起不相爱。……子自爱不爱父，故亏父而自利。弟自爱不爱兄，故亏兄而自利。臣自爱不爱君，故亏

君而自利。……虽父之不慈子，兄之不慈弟，君之不慈臣……皆起自不相爱。……盗爱其室不爱其异室，故窃异室以利其室。贼爱其身不爱人，故贼人以利其身。……大夫各爱其家不爱异家，故乱异家以利其家。诸侯各爱其国不爱异国，故攻异国以利其国。……（《兼爱上》）

此言人类种种罪恶，都起于自私自利。但把自私自利的心去掉，则一切罪恶，自然消灭。然则怎么方法去掉这自利心呢？墨子说：

凡天下祸篡怨恨……以不相爱生也。是以仁者非之。既以非之，何以易之？……以兼相爱交相利之法易之。（《兼爱中》）

非人者必有以易之。若非人而无以易之……其说将必无可焉。是故子墨子曰："兼以易别。"……吾本原兼之所生，天下之大利者也。吾本原别之所生，天下之大害者也。……以兼为正，是以聪耳明目，相与视听乎？是以股肱毕强，相为动宰乎？而有道肆相教诲。是以老而无妻子者，有所持养以终其寿，幼弱孤童之无父母者，有所放依以长其身。……（《兼爱下》）

墨子最要紧一句话，是“兼以易别”。他替当时的君主起一个绰号，叫做“别君”，替当时士大夫起一个绰号，叫做“别士”。他们的“墨者”，自己就号做“兼士”。兼和别的不同在那里呢？老实说一句：承认私有权的叫做“别”，不承认私有权的叫做“兼”。向来普通的教义，都是以自己为中心，一层一层的推出去。所以说，“天下之本在国，国之本在家，家之本在身。”孔子讲的社会伦理，都以此为立脚点。所以最要紧是一个“恕”字，专以己度人。既已爱自己，便连自己同类的人也要爱他；爱自己的家，也爱别人的家；爱自己的国，也爱别人的国；孔子讲的泛爱，就是从这种论式演绎出来。但孔子和墨子有根本不同之处。孔子是有“己身”“己家”“己国”的观念，既已有个“己”，自然有个“他”相对待；“己”与“他”之间，总不能不生出差别。所以有“亲亲之杀尊贤之等”；在旧社会组织之下，自然不能不如此。墨子却以为这种差别观念，就是社会罪恶的总根源，一切乖忤，诈欺，盗窃，篡夺，战争，都由此起。（《兼爱中篇》云：“是故诸侯不相爱，则必野战。家主不相爱，则必相篡。人与人不相爱，则必相贼。君臣不相爱，则不惠忠。父子不相爱，则不慈孝。兄弟不相爱，则不和调。天下之人皆不相爱，强必执弱，富必侮贫，贵必敖贱，诈必欺愚。凡天下祸篡怨恨，其所以起者，以不相爱生也。”）因为既有个己身以示“别”于他身，到了彼我利害冲突时候，那就损害他身以利己身，也顾不得了。既有个己家己国以示“别”于他家他国，到了彼我利害冲突时候，那就损害他家他国以利己家己国，也顾不得了。在这种组织之下讲泛爱，墨子以为是极矛盾，极不彻底。他说：

爱人，待周爱人然后为爱人。不爱人，不待周不爱人。不周爱，因为不爱人矣。（《小取》）

他的意思以为：不必等到什么人都不爱才算不爱人，只要爱得不周遍，（有爱有不爱）便算不爱人了。差别主义，结果一定落到有爱有不爱，墨子以为这就是“兼相爱”的反面，成了个“别相恶”了。所以说：“本原别之所生，天下之大害。”

然则兼相爱的社会便怎么样呢？墨子说：

视人之室若其室，谁窃？视人之身若其身，谁贼？视人家若其家，谁乱？视人国若其国，谁攻？（《兼爱上》）

简单说：把一切含着“私有”性质的团体都破除了，成为一个“共有共享”的团体；就是墨子的兼爱社会。

这种理论，固然是好，但古往今来许多人，都疑他断断不能实现。当时就有人诘难墨子，说道：“即善矣，虽然，岂可用哉？”墨子答道：“用而不可，虽我亦将非之。焉有善而不可用者？”（《兼爱下》）墨子是一位实行家，从不肯说一句偏于理想的话。他论事物的善恶，专拿有用无用做标准。他以为“善”的范围和有用的范围，一定适相吻合。若不能适用的事，一定算不得“善”。他的根本观念既已如此，所以他自然是确信兼爱社会可以实现，才肯如此主张。墨子何以证明他必能实现呢？墨子以为从人类的利己心，也可以得着反证。他说：

> 吾不识孝子之为亲度者，亦欲人爱利其亲与？意欲人之恶贼其亲与？以说观之，即欲人之爱利其亲也。然即吾恶先从事即得此？若我先从事乎爱利人之亲，然后人报我以爱利吾亲乎？意我先从事乎恶贼人之亲，然后人报我以爱利吾亲乎？即必吾先从事乎爱利人之亲，然后人报我以爱利吾亲也。……《大雅》之所道，曰：“无言而不仇，无德而不报。投我以桃，报之以李。”即此言爱人者必见

爱也，而恶人者必见恶也。（《兼爱下》）

墨子还引许多古代圣王兼爱的例证，如成汤为民求雨以身为牺牲之类，说明兼爱并不是不能实行。古代社会，是否有这种理想的组织，我们虽不敢轻下判断，但现在俄国劳农政府治下的人民，的确是实行墨子“兼以易别”的理想之一部分。他们是否出于道德的动机，姑且不论；已足证明墨子的学说，并非“善而不可用”了。

墨子的兼爱的主义，和孔子的大同主义，理论方法，完全相同。但孔子的大同，并不希望立刻实行；以为须渐渐进化，到了“太平世”总能办到。在进化过渡期内，还拿“小康”来做个阶段。墨子却简单明了，除了实行兼爱，不容有别的主张。孔墨异同之点在此。

非攻主义，是由兼爱主义直接衍出。既已主张兼爱，则“攻”之当“非”，自然不成问题，为什么还要特标出来做一种主义呢？因为当时军国主义，已日渐发达；多数人以为国际上道德和个人道德不同，觉得为国家利益起见，无论出什么恶辣手段都可以。墨子根本反对此说。他说：

今有一人，入人园圃，窃其桃李，众闻则非之，上为政者得则罚之。此何也？以亏人自利也。至攘人犬豕鸡豚者，其不义，又甚入人园圃窃桃李。是何故也？以亏人愈多。苟亏人愈多，其不仁兹甚，罪益厚。至入人栏厩，取人马牛者，其不仁义又甚攘人犬豕鸡豚。此何故也？以其亏人愈多。苟亏人愈多，其不仁兹甚，罪益厚。至杀不辜人也，拖其衣裘、取戈剑者，其不义又甚入人栏厩、取人马牛。此何故也？以其亏人愈多。苟亏人愈多，其不仁兹甚矣，罪益厚。当此天下之君子皆知而非之，谓之不义。

今至大为攻国，则弗知非，从而誉之，谓之义。此可谓知义与不义之别乎？杀一人，谓之不义，必有一死罪矣。若以此说往，杀十人，十重不义，必有十死罪矣。杀百人，百重不义，必有百死罪矣。当此天下之君子皆知而非之，谓之不义。今至大为不义攻国，则弗知而非，从而誉之，谓之义。情不知其不义也，故书其言以遗后世。若知其不义也，夫奚说书其不义以遗后世哉？

今有人于此，少见黑曰黑，多见黑曰白，则必以此人为不知白黑之辩矣。少尝苦曰苦，多尝苦曰甘，则必以此人为不知甘苦之辩矣。今小为非，则知而非之。大为非攻国，则不知而非，从而誉之，谓之义。此可谓知义与不义之辩乎？是以知天下之君子辩义与不义之乱也。（《非

攻上》）

墨子这段话，用极严密的论法，辩斥那些“偏狭的爱国论”，可谓痛快淋漓。不独是发明“非攻”真理，而且教人将所得的观念来实地应用。读此并可以知道墨子做学问的方法了。

反对战争的议论，春秋末年已经萌芽。宋向戎倡晋楚弭兵，就是一种趋时之论。但这是政治家的策略，彼此并无诚意，正与前俄皇亚力山大提倡海牙平和会相同，在思想界可谓毫无势力。孟子的“《春秋》无义战”，算是有力的学说，可惜措词太隐约了。认真标立宗旨，大声疾呼，墨子算是头一个。后来尹文、宋钘，都是受墨子学说的影响，继续鼓吹。但墨子还有格外切实可行的地方，和普通之“寝兵说”不同。墨子所“非”的，是“攻”，不是“战”。质言之，侵略主义，极端反对；自卫主义，却认为必要。墨子门下，人人研究兵法。本书《备城门》以下十一篇所讲都是。墨子听见有某国要攻人的国，就跑去劝止他。若劝他不听，他便带起一群门生去替那被攻的国办防守。有这一着，然后非攻主义总能贯彻。墨子所以异于空谈弭兵者在此。（例证详下文）

第三节　墨子之实利主义及其经济学说

自孟子说："何必曰利？亦有仁义而已矣。"后世儒者，因此以言利为大戒。董仲舒更说："正其谊不谋其利，明其道不计其功。"于是一切行为，专问动机，不问结果，弄得道德标准和生活实际距离日远，真是儒家学说的莫大流弊。其实孔子也并不如此。一部《易经》，个个卦都讲"利"。孔子说"利者义之和"，说"以美利利天下"，说"乐其乐而利其利"，何尝说利是不好？不过不专拿"利"来做道德标准罢了。

墨子则不然。道德和实利不能相离，利不利就是善不善的标准。书中总是爱利两字并举。如"兼相爱交相利"（《兼爱中下》）、"爱利万民"（《尚贤中》）、"兼而爱之从于利"（同上）、"众利之所生何自生，从爱人利人生"（《兼爱下》）、"爱人者人亦从而爱之，利人者人亦从而利之"（《兼爱中》）、"天必欲人之相爱相利"（《法仪》）、"若见爱利国者必以告，亦犹爱利国者也"（《尚同下》），诸如此类，不可枚举。以常识论，爱的目的在人，利的目的在己，两件事像很不相容，然而墨子却把他打成一片。第一件，可以见他所谓“利”，一定不是褊狭的利己主义。第二件，可以见他所谓“爱”，必以有利为前提。他说：“忠信相连，又示以利，是以终身不厌。”（《节用中》）简单说，从经济新组织上建设兼爱的社会，这是墨学特色。

经济学的原字Economy，本来的训诂，就是节用。所以墨子的实利主义，拿“节用”做骨子。“节葬”不过是“节用”之一端，“非乐”也从“节用”演绎出来。今综合这几篇来研究“墨子经济学”的理论，研究墨子的经济学，须先从消费方面起点。墨子讲消费，定出第一个公例是：

> 以自苦为极。（《庄子·天下篇》）
>
> 凡足以奉给民用则止。（《节用中》）

墨子以为人类之欲望，当以维持生命所必需之最低限为标准。饮食是“黍稷不二，羹胾不重，饭于土熘，啜于土铏”（《节用中》）；衣服是“冬以圉寒，夏以圉暑”（《节用上》）；宫室是“高足以辟润湿，边足以圉风寒，上足以待霜雪雨露，墙高足以别男女”（《辞过》）。只要这样就够了，若超过这限度，就叫做奢侈。墨子以为凡奢侈的人，便是侵害别人的生存权，所以加他个罪名。说是：

暴夺人衣食之财。（《节用中》）

近代马克思一派，说：资本家的享用，都是从掠夺而来。这种立论根据，和二千年前的墨子正同。

论到生产方面，墨子立出第二个公例，是：

诸加费不加利于民者弗为。（《节用中》）

凡费财劳力不加利者不为也。（《辞过》）

墨子以为：生产一种物事，是要费资本、费劳力。那么，就要问：费去的资本劳力能够增加多少效用？所费去的和所增得的比较，能否相抵而有余？试拿衣服来做个例，墨子说："衣服，适身体和肌肤而足矣。……锦绣文采靡曼之衣……此非云益暖之情也。单财劳力，毕归之于无用也……"（《辞过》）他的意思以为穿衣服的目的，不过取其能暖，穿绸比穿布并不加暖，所以制绸事业，就是"加费不加利于民"。

墨子非乐的主张，就是从这个公例衍生出来。他说：

若圣王之为舟车也，即我弗敢非也。古者圣王亦尝厚敛乎万民以为舟车。既以成矣，曰：吾将恶许用之？曰：舟用之水，车用之陆，君子息其足焉，小人休其肩背焉。故万民出财赍而予之，不敢以为戚恨者。何也？以其反中民之利也。然则“乐”，反中民之利亦若此，既我弗敢非也。（《非乐上》）

这是说：音乐是“加费不加利于民”的事，所以要反对他。墨子以为总要严守这个公例，将生产力用到有用的地方，才合生产真意义。所以他说：“把那些阔人所嗜好的‘珠玉鸟兽犬马’去掉了，挪来添补‘衣裳宫室甲盾舟车之数’，立刻可以增加几倍。”（《节用上》）

墨子更把这种观念扩充出去，以中用不中用为应做不应做的标准，凡评论一种事业一种学问，都先问一句：“有什么用处？”如：

问于儒者曰：“何故为乐？”曰：“乐以为乐也。”子墨子曰：“子未我应也。”今我问曰：“何故为室？”曰：“冬避寒焉，夏避暑焉，室以为男女之别也。”则子告我为室之故矣。今我问曰：“何故为乐？”曰：“乐以为乐也。”是犹曰：“何故为室？”曰：“室以为室

也。”（《鲁问》）

这是墨学道德标准的根本义。若回答不出个“什么用处来”，那么，千千万万人说是好的事，墨子也要排斥的。

墨子这种经济思想，自然是以劳力为本位。所以“劳作神圣”，为墨子唯一的信条。他于是创出第三个公例，是：

赖其力则生，不赖其力则不生。（《非乐上》）

墨子说：人和禽兽不同。禽兽是“因其羽毛以为衣裘，因其蹄蚤以为绔屦，因其水草以为饮食”。所以不必劳作，而“衣食之材已具”。人类不然，一定要“竭股肱之力，亶其思虑之智”，才能维持自己的生命。所以各人都要有“分事”。什么叫做分事呢？就是各人自己分内的职业。墨子于是感觉有分劳的必要，又创出第四个公例，说道：

各从事其所能。（《节用中》）

各因其力所能至而从事焉。（《公孟》）

墨子设一个比喻，说道：“比如筑墙然，能筑者筑，能实壤者实壤，能欣者欣，然后墙可成也。”（《耕柱》）有些人“竭股肱之力”，有些人“禀其思虑之智”，无论是筋力劳作，或是脑力劳作，只要尽本分去做，都是可敬重的。只有那些“贪于饮食惰于从事”的人，墨子便加他一个恶名，叫做“罢而不肖”了。（《非命上》）

在这种劳动力本位的经济学说底下，自然是把时间看得很贵重。墨子于是又创造出第五个公例，说道：

> 以时生财，财不足则反之时。（《七患》）

“光阴即金钱”（Time is money）这句格言，墨子是看得最认真的。他所以反对音乐，就因为这个原故。他说：“那些‘王公大人’们日日听音乐，还能‘早朝晏退听狱治政’吗？农人日日听音乐，还能‘蚤出暮入耕稼树艺多聚菽粟’吗？妇人日日听音乐，还能‘夙兴夜寐纺绩织纴’吗？所以断定音乐是‘废国家之从事’。”（《非乐上》）他反对久丧，也是因为这个原故。他说：“儒教的丧礼，君父母妻长子死了，都服丧三年。伯叔兄弟庶子死了，都服丧一年。其余族人亲戚，五月三月不等。这样，人生在世几十年，服丧的日子倒占了大半，还有什么时候去做工呢？而且服丧的时候，做成许多假面孔。‘相率强不食以为饥，薄衣而为寒’‘扶而能起，杖而能行’，闹到‘面目陷陽，颜色黧黑，耳目不聪明，手足不健强’，这不是于卫生大有妨碍吗？这不是减削全社会的劳力吗？所以断定‘久丧为久禁从事’。”（《节葬下》）

墨子又极注意人口问题，他有第六个公例，是：

欲民之众而恶其寡。（《辞过》）

墨子的人口论，和玛尔梭士的人口论正相反。玛尔梭士愁的是人多，墨子愁的是人少，人少确是当时的通患。所以梁惠王因“寡人之民不加多”，就对孟子发牢骚。（《孟子·梁惠王篇》）商鞅弄许多把戏，“徕三晋之民”。（《商君书·垦令篇》）墨子对于这个问题，第一是主张早婚。他的制度，“是丈夫年二十，毋敢不处家；女子年十五，毋敢不事人。”（《节用上》）第二是反对蓄妾，他说：“内无拘女，外无寡夫，则天下之民众，故蓄私不可不节。”（《辞过》）这些主张，都是以增加人口为增加劳力的手段，所以看得很郑重。反对久丧，也是为这个原故。因为儒家丧礼，禁男女同栖，服丧时候很多，于人口繁殖自有妨碍。墨子说：“此其为败男女之交多矣，以此求众，譬犹使人负剑而求寿也。”（《节葬下》）反对战争，也是为这个原故。他说：“战争除病死战死不计外，而且攻伐邻国，久者终年，速者数月，男女久不相见，此所以寡人之道也。”（《节用上》）这都是注重人口问题的议论，虽然见解有些幼稚，但在当日也算救时良药了。

最后讲到分配方面，墨子定出第七个公例，是：

有余力以相劳，有余财以相分。（《尚同上》）

自己的劳力和光阴，做完了自己分内的事业，还有余剩，拿去帮别人做，这就是“余力相劳”。自己的资财，维持自己一身和家族的生活，还有余剩，拿去分给别人，这就是“余财相分”。这两句话墨子书中讲得最多。（《天志篇》《辞过篇》《兼爱篇》皆有）其实只是“交相利”三个字的解释。《节葬篇》说：“疾从事焉，人为其所能以交相利。”意义更为明了。余力相劳，就是孔子讲的“力恶其不出于身也，不必为己”。余财相分，就是孔子讲的“货恶其弃于地也，不必藏诸己”。（《礼记·礼运篇》）两圣人的经济学说，同归宿到这一点。质而言之，都是梦想一种完全互助的社会。

我想，现在俄国劳农政府治下的经济组织，很有几分实行墨子的理想。内中最可注意的两件事：第一件，他们的衣食住，都由政府干涉。任凭你很多钱，要奢侈也奢侈不来。墨子的节用主义，真做到彻底了。第二件，强迫劳作，丝毫不肯放松，很合墨子“财不足则反诸时”的道理。虽然不必“日夜不休，以自苦为极”，但比诸从前工党专想减少工作时刻，却是强多了。墨子说：“安在善而不可用者”，看劳农政府居然能够实现，益可信墨子不是个幻想家了。

墨子非攻，儒家亦非攻。儒家非攻，专是义不义问题；墨家非攻，义不义问题之外，还有个利不利问题。《非攻上》是说攻的不义，《非攻下》是说攻的不利。墨家的宋牼，想说秦楚罢兵，儒家的孟子问他：“说之将如何？”宋牼说：“我将言其不利也。”孟子说：“先生之志则大矣，先生之号则不可。”这就是儒墨不同之点。墨子说非攻的不利，有个很妙的譬喻：

> 大国之攻小国，譬犹童子之为马。童子之为马，足用而劳。今大国之攻小国，被攻者，农夫不得耕，妇人不得织，以守为事。攻人者，亦农夫不得耕，妇人不得织，以攻为事。（《耕柱》）

这段话，简单说，就是“彼此不上算”。墨子无论说什么事理，都要从“上算不上算”上头比较一番，和董子“明其道不计其功”的学说恰好是个反面。

墨子把“利”字的道理，真是发挥尽致。孔子说：“利者义之和”已经精到极了。《墨子·经上篇》直说：“义，利也。”是说，利即是义，除了利别无义。因此他更替了这个“利”字下了两条重要的界说：

界说一，凡事利余于害者谓之利，害余于利者谓之不利。他说：

> 断指以存腕，利之中取大，害之中取小也。害之中取小者，非取害好，取利也。（《大取》）

有时明明看着是有害的事情，还要做他，如断指。表面看来，岂不是和实利主义相悖吗？其实不然，因为是利余于害才取他，取他毕竟是取利不是取害。反之，害余于利的事情，万不要取。墨子解释攻国之害余于利，说：“然而何为为之？曰：我贪伐胜之名及得之利故为之。子墨子曰：计其所自胜，无所可用也。计其所得，反不如其所丧。”（《非攻中》）

这是表面看着像有利，其实害比利大，所以不要取，这是计较利害到极精处。

界说二，凡事利于最大多数者谓之利，利于少数者谓之不利。墨子说：

> 饰攻战者言曰：南则荆吴之王，北则齐晋之君，始封于天下之时，其土之方，未至有数百里也，人徒之众，未至有数十万人也。以攻战之故，土地之博，至有数千里也，人徒之众，至有数百万人，故当攻战而不可为也。子墨子曰：虽四五国则得利焉，犹谓之非行道也。譬若医之药人有病者然，今有医于此，和合其祝药之于天下之有病者，而药之，万人食之，若医四五人得利焉，犹谓之非行药也。（《非攻中》）

少数人格外占便宜得利益，从这少数人方面看，诚然是有利了，却是大多数人受了他的害。从墨子爱利天下的眼光看来，这决然是害，并不是利。反之，若是少数人吃亏，多数人得好处，墨子说他是利。所以他说："杀己以存天下，是杀己以利天下。"（《大取》）

"杀己"岂不是大不利的吗？因为杀了一个"己"能存得了天下，所以打起算盘来，依然有利。英人边沁主张乐利主义，拿“最大多数之最大幸福”做道德标准，墨子的实利主义，也是如此。

然则墨子这种学说，到底圆满不圆满呢？我曾说过，墨子是个小基督，从别方面说，墨子又是个大马克思。马克思的共产主义，是在“唯物观”的基础上建设出来。墨子的“唯物观”，比马克思还要极端。他讲的有用无用、有利无利，专拿眼前现实生活做标准，拿人类生存必要之最低限度做标准，所以常常生出流弊。即如他所主张“男子二十处家，女子十五事人”，依我们看来，就不如孔子所主张“男子三十而娶，女子二十而嫁”。墨子只知道早婚可以增加人口增加劳力，却不知道早婚所产的儿女，体力智力都薄弱，劳力的能率却减少了。墨子学说最大的缺点，莫如“非乐”。他总觉得娱乐是废时失事，却不晓得娱乐和休息，可以增加“物作的能率”。若使墨子办工厂，那“八点钟制度”他定然反对的。若使墨子办学堂，一定每天上课十二点钟，连新年也不放假。但这种办法对不对？真可以不烦言而决了。儒家有一位程繁，驳他的“非乐论”。说道：

昔者诸侯倦于听治，息于钟鼓之乐。……农夫春耕夏耘秋收冬藏，息于瓴缶之乐。今夫子曰“圣王不为乐”，

此譬之犹马驾而不税，弓张而不弛，无乃非有血气者所能至耶！（《三辩》）

墨子对于这段话的反驳，就很支离，不能自圆其说，这总算墨学的致命伤了。庄子批评墨子，说：

其道太觳，使人忧，使人悲，其行难为也。恐其不可以为圣人之道，反天下之心，天下不堪。墨子虽能独任，奈天下何？（《天下篇》）

庄子是极崇拜墨子的人，这段批评，就很替墨子可惜。墨子的实利主义，原是极好，可惜范围太窄了，只看见积极的实利，不看见消极的实利。所以弄到只有义务生活，没有趣味生活，墨学失败最重要的原因，就在此。

第四节　墨子之宗教思想

“天志”“明鬼”“非命”三义，组成墨子的宗教。墨子学说，件件都是和时代潮流反抗，宗教思想亦其一也。说天说鬼，原是古代祝史的遗教。春秋战国时，民智渐开，老子孔子出，大阐明自然法，这类迷信已经减去大半了。像墨子这样极端主张实际主义的人，倒反从这方面建设他学术的基础，不能不算奇怪。试把他所说的仔细研究一番。

墨子的“天”和老子、孔子的“天”完全不同。墨子的“天”，纯然是一个“人格神”，有意欲，有感觉，有情操，有行为。所以他的篇名，叫做“天志”。墨子说：

> 我有天志，譬若轮人之有规，匠人之有矩，以度天下之方圆。曰：中者是也，不中者非也。（《天志上》）
>
> 子墨子之有天之意也，上将以度王公大人之为刑政也，下将以量天下之万民为文学出言谈也。视其行顺天之意谓之善意行，反天之意，谓之不善意行。（《天志中》）

这是说当以天的意志为衡量一切事物之标准。然则天的意志到底怎么样呢？墨子说：“天欲人之相爱相利，不欲人之相恶相贼。”（《法仪》）

何以见得呢？墨子说：“以其兼而爱之兼而利之。”又何以见得天是“兼爱兼利”呢？墨子说：“以其兼而有之兼而食之。”墨子欲证明天之“兼有兼食”，因设为譬喻。说道："天之有天下也，无以异乎国君之有四境之内也。今国君夫岂欲其臣民之相为不利哉？"（《天志上》）"楚之王食于楚四境之内，故爱楚之人，越王食于越，故爱越之人。今天兼天下而食焉，我以此知其兼爱天下之人也。"（《天志下》）

墨子既断定天志是兼爱，于是天的赏罚，有了标准了。他说："顺天意者，兼相爱交相利，必得赏。反天意者，别相爱，交相贼，必得罚。"（《天志上》）"然有不为天之所欲而为天之所不欲，则夫天亦且不为人之所欲而为人之所不欲矣。人之所不欲者何也？曰：疾病祸祟是也。"（《天志中》）

读此，可知墨子讲天志，纯是用来做兼爱主义的后援。质言之，是劝人实行兼爱的一种手段罢了。然则这种手段有多大效果呢？据我看，很是微薄。第一层：墨子证明天志一定是兼爱，他的论据就是"天兼有兼食"。何以能证明天是"兼有兼食"呢？毕竟拿不出证据来。他说"天兼爱"，和老子说"天地不仁"，正是两极端的话，到底谁是谁非？谁也找不出最高法庭来下这判语。第二层："疾病祸祟"是否由天做主？若如近世科学昌明后，找出非由天做主的证据，墨子立论的基础，便完全破坏。第三层：墨子不讲良心上的道德责任，专靠祸福来劝导，立论是否圆满？墨子说："践履道德得福，否则得祸"，假如有人说"我不愿得福而愿得祸"（人激于意气时，便往往如此），墨子将奈之何？何况祸福报应还是缥缈无凭呢？

第四层：墨子的天志和基督教很相像；但有一点大不同处。基督都说灵魂，说他界。墨子一概不说。灵魂他界，没有对证，福祸之说，勉强可以维系。专言现世的祸福，越发不能自完。墨子提倡苦行，和基督教及印度各派之教相同。但他们都说有灵魂，所以在极苦之中，却别有安慰快乐的所在。墨子苦是专讲道德责任，不拿利害计较来感动人，也还罢了。他却又不然，专说的是利害问题。利害和苦乐有密切关系，此本易明之理。他的非乐主义，已经要人把肉体的快乐，牺牲净尽，问有什么别的快乐来替代呢？却没有。顶多说我“所行合义，心安理得”，算是一种安慰。如此归到极端的良心责任说吗？他却又不以为然。墨子本是一位精于论理学的人，讲到天志，却缺漏百出，所论证多半陷于“循环论理”。我想都是因“天志论”自身，本难成立。墨子要勉强把来应用，未必不是他失败的一个原因哩。

“天志”之外，还加上“明鬼”，越发赘疣了。墨子的明鬼论，不外借来帮助社会道德的制裁力。他说：“吏治官府之不廉洁，男女之为无别者，有鬼神见之，民之为淫暴寇乱盗贼……夺人车马衣裘以自利者，有鬼神见之。”（《明鬼下》）

墨子明鬼的宗旨，握要处就在此。所以他引证许多鬼的故事，讲的都是报仇作祟，叫人害怕。至于鬼有无的问题，他并不在学理上求答案，乃在极粗浅的经验论求答案，实在没有什么价值。

墨子这种宗教思想，纯是太古的遗物，想是从“史角”传来的。在他这种干燥生活里头，若并此而无之，自然更不能维系人心。但这种思想，对于他的学说的后援力，其实也很薄弱，徒然奖励“非理智的迷信”，我们不能不为墨子可惜了。

墨子的宗教思想，有一个附属主义，曰“非命”。这个主义，直捣儒道两家的中坚，于社会最为有益。“命”是儒家根本主义之一，儒说之可议处，莫过此点。我国几千年的社会，实在被这种“命定主义”阻却无限的进化。墨子大声疾呼排斥他，直是思想界一线曙光。主张有命的，《列子·力命篇》最为明了，今先引来参证：

> 力谓命曰：若之功奚若我哉？命曰：汝奚功于物而欲比朕。力曰：寿夭穷达贵贱贫富，我力之所能也。命曰：彭祖之智，不出尧舜之上，而寿八百。颜渊之才，不出众人之下，而寿四八。仲尼之德，不出诸侯之下，而困于陈蔡。殷纣之行，不出三仁之上，而居君位。季札无爵于吴，田恒专有齐国，夷齐饿于首阳，季氏富于展禽，若是

> 汝力之所能，奈何寿彼而夭此，穷圣而达逆，贱贤而贵愚，贫善而富恶耶？力曰：若如是言，我固无功于物而物若此耶？此则若之所制耶？命曰：既谓之命，奈何有制之者耶？朕直而推之，曲而任之，自寿、自夭、自穷、自达、自贵、自贱、自富、自贫，朕岂能识之哉？

"力"与"命"确是两件对待的东西，有命说和力行说，确不能相容。像列子这种主张，人人都是生下地来，已经命定，还要做什么事呢？所以墨子痛驳他。说道：

> 今也王公大人之所以早朝晏退，听狱治政，终朝均分，而不敢怠倦者，何也？曰：彼以为强必治，不强必乱；强必宁，不强必危，故不敢怠倦。今也卿大夫之所以竭股肱之力，殚其思虑之知，内治官府，外敛关市、山林、泽梁之利，以实官府而不敢怠倦者，何也？曰：彼以为强必贵，不强必贱。强必荣，不强必辱，故不敢怠倦。今也农夫之所以蚤出暮入，强乎耕稼树艺，多聚叔粟而不敢怠倦者，何也？曰：彼以为强必富，不强必贫，强必饱，不强必饥，故不敢怠倦。今也妇人之所以夙兴夜寐，强乎纺绩织纴，多治麻丝葛绪，捆布缕而不敢怠倦者，何

也？曰：彼以为强必富，不强必贫，强必暖，不强必寒，故不敢怠倦。今虽毋在乎王公大人，若信有命而致行之，则必怠乎听狱治政矣，卿大夫必怠乎治官府矣，农夫必怠乎耕稼树艺矣，妇人必怠乎纺绩织纴矣。王公大人怠乎听狱治政，卿大夫怠乎治官府，则我以为天下必乱矣。农夫怠乎耕稼树艺，妇人怠乎纺绩织纴，则我以为天下衣食之财将必不足矣。（《非命下》）

墨子所以反对定命说的原因，在此。要而论之，定命说若成立，人类便没有了自由意志，那么，连道德标准都没有了。人类便没有了自动力，那么，连什么创造都没有了。那么，人类社会便是死的，不是活的；便是退化的，不是进化的。所以墨子“非命”，是把死社会救活转来的学说。我旧著《墨学微》里头，有一段话引申墨义，附录以供参考：

命之果有果无之一问题，墨子答案，壁垒未坚。今请演其言外之旨。

物竞天择一语，今世稍有新智识者，类能言之矣。曰优胜劣败，曰适者生存。此其事似属于自然，谓为命之范围可也。虽然，若何而自勉为优者适者，以求免于劣败淘汰之数；此则纯在力之范围，于命丝毫无与者也。

夫沙漠地之动物，其始非必皆黄色也；而黄者存，不黄者灭。冰地之动物，其始非必皆白色也；而白者存，不白者灭。自余若乌贼之吐墨，虎之为斑纹，树虫之作枝叶形。诸同此例者，不可枚举。其一存一灭之间，似有命焉。及其究竟，则何以彼能黄而我独不黄，彼能白而我独不白，彼能吐墨为斑纹为枝叶形而独我不能？是亦力有未至也。

推言之，则一人在本团体中或适或不适，一团体在世界中或适或不适，皆若此而已。故明夫天演公例者，必不肯弃自力于不用而惟命之从也。

难者曰：生物学家之言物竞也，谓物类死亡之数，必远过于所存。且如一草之种子，散播于地者以万数，使皆悉存，则不转瞬而将为万草，乃其结局，不得一二焉，何也？则其落地之时刻有先后，所落之地段有旱湿腴瘠，若是者不谓之命得乎？应之曰：斯固然矣。虽然，使两种子同在一时同落一地，其一荣一悴之间，必非力无以自达矣。

然犹未足以服难者之说。吾以为力与命对待者也。凡有可以用力之处，必不容命之存立。命也者，仅偷息于力以外之闲地而已。故有命之说，可以行于自然界之物，而不可以行于灵觉界之物。今之持有命无命之争辩者，皆人也。灵觉界最高之动物也。故此名词，决非我同类之所得用也。夫彼草种之或飘茵或堕溷也，彼其本身当时，无自主力之可言也。故命之一语可以骄横恣睢以支配之。一入于灵觉界，有丝毫之自主力得以展布者，则此君遂消灭而无复隙地之可容。

难者之说，不足以助其成立明矣。若夫彭寿而颜夭也，跖富而惠贫也，田恒贵而孔子贱也。持有命论者，以是为不可磨灭之论据，其实非也。盖一由于社会全体之力未尽其用，而偏枯遂及于个人者；一由不正之力之滥用，而社会失其常度者。且如颜子之夭也，或其少年治学，不免太劬；或为贫困所迫，未尽养生之道。其果坐此等原因以致之否，吾辈今日，无从论断。若果有之，则力未尽，非命之为，藉曰无矣。颜子之对于己身之责任，其力已无不尽矣。则其所以至此之故，必由其父母遗传之有缺点也。否则幼时于养育之道尽善也，否则地理上人事上有与彼不相协也；是则由社会全体之力有未尽使然也。且使医学大明，缮生之思想与其方法大发达，则颜子断不至有羸弱之遗传，断不至有失宜之养育；而地理上人事上有何种障碍，皆可以排而去之。颜子或竟跻上寿，未可知也。

不观统计学家所言乎？十七世纪欧洲人，平均得寿仅十三岁。十八世纪，平均得寿二十岁。十九世纪，乃骤增至平均寿三十六岁。然则寿夭者，必非命之所制，而为力之所制，昭昭明甚矣。

若乃贫富贵贱，则因其社会全体之力，或用之正，或用之不正，而平不平生焉。夫力也者，物竞界中所最必要者也。而在矫揉造作之社会，或生而为贵族，或生而为平民。当吾投胎之时，诚有如草种之偶茵偶溷，及既出生后，而遂不能自拔，此世俗论者之所谓命也。虽然，曾亦思此等制度，果能以人力破除之耶？抑终不能以人力破除之耶？且使盎格鲁撒逊人，至今而犹为维廉第一以前（十六世纪前）之状态也，则的士黎里断不敢望为大宰相，林肯断不敢望为大总统，则亦曰命也命也而已，而何以今竟若此。故知夫力也者，最后之战胜者也。子墨子曰：“命者暴王作之。”（《非命上》）至言哉，至言哉。

吾以为命说之所从起，必自专制政体矫诬物竞壅窒物竞始矣。就其最浅者论之，如科举制度之一事，取彼尽人所能为而优劣程度万不能相悬绝之八股试帖楷法策论，而限额若干名以取之。以此为全国选举之专途，其势不能不等于探筹儿戏，应举者虽有圣智，无可以用其力之余地也。而一升一沉之间，求其故而不得。夫安得不仰天太息曰命也！命也！而已？

吾中国数千年来社会之制度，殆无一不类是。故使国民彷徨迷惑，有力而不能自用。然后信风水信鬼神信气运信术数种种谬想，乃蟠踞于人人之脑际，日积日深，而不能自拔。贫富贵贱有命之说，其最初之根源，皆起于是。

然此果足为有命说之根据乎？一旦以力破此制度，则皮不存而毛焉附矣。其他如丧乱也，偏灾也，疠疫也，皆咸诿诸命而无异词者也。岂知立宪政体定，则丧乱何从生？交通事业成，则偏灾何从起？卫生预防密，则疠疫何从行？故以今日文明国国民视之，则如中国所谓有命之种种证据，已迎刃而解，无复片痕只迹可以存立。而况乎今日所谓文明者，其与完全圆满之文明，相去尚不可以道里计也。然则世运愈进，而有命说愈狼狈失据，岂待问矣？墨子"非命"，真千古之雄识哉！

其足以为墨子学说树一援奥者，则佛之因果说是也。佛说一切器世间有情世间，皆由众生业力所造，其群业力之集合点，世界也，社会也。（即器世间）而于此集合点之中，又各自有其特别之业力，相应焉以为差别，则个人是也。（即有情世间）故一社会今日之果，即食前此所造之因。一个人前此之因，亦即为今日所受之果。吾人今者受兹恶果，当知其受之于么匿（即个人）之恶因者若干焉；受之于拓都（即社会）之恶因者若干焉。吾人后此欲食善果，则一面须为么匿造善因，一面更须为拓都造善因，此佛教之大概也。故佛教者，有力而无命者也。藉曰有命，则纯为自力之所左右者也。呜呼！佛其至矣。使墨子而闻佛说也，其大成宁可量耶？

世俗论者，常以天命二字相连并用，一若命为天所制定者，则或疑墨子既言“天志”而又“非命”，岂不矛盾矣乎？是于墨子所谓天之性质有所未了也。墨子固言，天也者随人之顺其欲恶与否而祸福之，是天有无限之权也。命定而不移，则是天之权杀也。故不有非命之论，则天志之论，终不得成立也。呜呼！命之一语，其斫腐我中国之人心者，数千年于兹矣。安得起墨子于九原化一一身，一一身中出一一舌，而为廓清辞辟之？

第五节　墨子新社会之组织法

墨子理想中之兼爱社会，其组织法略见于《尚贤》《尚同》两篇。他论社会的起源如下：

古者民始生未有刑政之时，盖其语，人异义。是以一人则一义，二人则二义，十人则十义。其人兹众，其所谓义者亦兹众。是以人是其义，以非人之义，故交相非也。是以内者父子、兄弟作怨恶，离散不能相和合。天下之百姓，皆以水火、毒药相亏害。至有馀力，不能以相劳。腐馀财，不以相分。隐匿良道，不以相教。天下之乱，若禽兽然。夫明乎天下之所以乱者，生于无政长，是故选天下之贤良、圣知、辨慧之人，立以为天子，使从事乎一同天下之义。”（《尚同上》）

这种议论，和欧洲初期的“民约论”很相类。“民约论”虽大成于法国的卢梭，其实发源于英国的霍布士和洛克。他们都说：人类未建国以前，人人都是野蛮的自由，漫无限制。不得已聚起来商量，立一个首长，于是乎就产出国家来了。墨子的见解，正和他们一样。他说：“明乎天下之乱生于无政长，故选择贤圣立为天子使从事乎一同。”什么人“明”？自然是人民“明”；什么人“选择”？自然是人民“选择”；什么人“立”？什么人“使”？自然是人民“立”，人民“使”。这种见解，和那说“天生民而立之君”的一派神权起源说，和那说“国之本在家”的一派家族起源说，都不相同。他说：国家是由人民同意所造成，是“民约论”同一立脚点。《经上篇》说：“君臣萌通约也。”正是这个原理。

国家成立之后又怎么样呢？墨子所主张，很有点令我们失望。因为他的结论流于专制。他说：

> 正长已具，天子发政于天下之百姓，言曰：“闻善而不善，皆以告其上。上之所是，必皆是之。所非，必皆非之。上有过，则规谏之。（《尚同上》）
>
> 凡国之万民，上同乎天子，而不敢下比。天子之所是，必亦是之。天子之所非，必亦非之。去而不善言，学天子之善言。去而不善行，学天子之善行。天子者，固天下之仁人也。举天下之万民，以法天子，夫天下何说而不治哉？（《尚同中》）

他的篇名叫做《尚同》，尚即上字，意思是“上同于天子”，老实说，就是叫人民都跟着皇帝走。这种见地，和二千年后霍布士所说，真是不谋而合，霍氏既发明民约的原理，却说民既相约以成国之后，便要各人把自己的自由权抛却，全听君主的指挥，后来卢梭的新民约论，就极力批评这一点的不对。不幸墨子的学说，只到霍氏那一步，还未到卢氏那一步。

但墨子之说，是否和霍布士之说全同，我们还要细考。霍氏一面主张民约，一面又主张君主世袭，自然是鲁莽灭裂的学说。墨子为什么要叫“万民都法天子”？因为“天子是天下的仁人”。为什么说天子就是天下的仁人？因为他是“由万民所选择而立”。既已如此，却有一个紧要问题跟着发生，就是要问君位如何继承？这种选立天子的大典，是初建国时一回行过便了呀？不是永远继续举行？若使一选而不复再选，那么这位“仁人”死后，自然传给他的子孙，能保他的子孙都是“仁人”吗？若是这样，墨子的新社会，一定组织不成。今遍查《墨子》书中，并没有一个字说君位要世袭，但也未尝论及继续选举的方法。但墨家却有一种很奇怪的制度，他们自墨子死后，在全国的“墨者”里头，立了一个墨教总统，叫做“钜子”。所以庄子说他们“以钜子为圣人，皆愿为之尸，冀得为其后世。”（《天下篇》）这位“钜子”，很有点像基督旧教的教皇。我想墨教倘若成功，一定把中国变成“教会政治”。“钜子”就是一国的行政首长。那么，就“墨者”的眼光看来，天子一定是天下的仁人了。

墨子既已主张这种“尚同主义”，自然是主张“贤人政治”了。所以尚贤主义也跟着来。他说：“智者为政乎愚者则治，愚者为政乎智者则乱。”（《尚贤中》）据此看来，近世之“议会多数政治”和“全民政治”，墨子怕都不见得赞成。但当时的贵族世袭政治，他自然是根本反对，更不待言了。

墨子的新社会，可谓之平等而不自由的社会。揣想起来，和现在俄国的劳农政府，很有点相同。劳农政府治下的人民，平等算平等极了，不自由也不自由极了。章太炎很不佩服墨子，他说：墨学若行，一定闹到教会专制，杀人流血。这话虽然太过，但墨子所主张“上之所是，必皆是之；上之所非，必皆非之”却不免干涉思想自由太过，远不如孔子讲的“道并行而不相悖”了。

第六节　实行的墨家

我们研究墨子，不但是研究他的学说，最要紧是研究他的人格。论学说呢？虽然很有价值，但毛病却也不少。论到人格，墨子真算千古的大实行家，不唯在中国无人能比，求诸全世界也是少见。孟子说：“奋乎百世之上，百世之下，闻者莫不兴起也，非圣人而能若是乎？”我们读这位大圣人的书，总要有“闻而兴起”的精神，总算不辜负哩。

墨子是一位“知行合一”的人，以为：知而不行，便连知都算不得了。他说：

> 今瞽者曰：“钜者白也，黔者黑也。”虽明目者无以易之。兼白黑，使瞽取焉，不能知也。故我曰瞽不知白黑者，非以其名也，以其取也。今天下之君子之名仁也，虽禹、汤无以易之。兼仁与不仁，而使天下之君子取焉，不能知也。故我曰天下之君子不知仁者，非以其名也，亦以其取也。（《贵义》）

口头几句仁义道德的话，谁不会说？却是所行所为，完全不是这么一回事。墨子最恨这一类人。他曾骂告子，说：“今子口言之而身不行，是子之身乱也。”（《公孟》）墨子自己却不然，他信一种主义，他就要实行。试把他的事迹来逐件证明：

墨子主张人类享用，当以维持生命所必要之最低限度为界。他便照此实行，他衣食住的标准是“堂高三尺，土阶三等，茅茨不翦，采椽不刮；食土簋，啜土型粝粱之食，藜藿之羹；夏日葛衣，冬日鹿裘；其送死，桐棺三寸，举音不尽其哀。”（《史记·太史公自序》）他曾上书给楚惠王，惠王说：“书是好极了，我虽不能依着做，却敬重你的为人，把书社的地方封你罢。”墨子说：“道不行不受其赏，义不听不处其朝。”掉头不顾去了。（《贵义篇》）墨子有一次派他的门生公尚过去游说越王，越王很高兴，告诉公尚过说：“你能请墨子来越，我把五百里地封他。”于是派了五十辆车去迎墨子。墨子问公尚过：“子观越王能听吾言用吾道乎？”公尚过说：“未必。”墨子说：“不唯越王不知翟之意，虽子亦不知翟之意。意越王将听吾言用吾道，则翟将往，量腹而食，度身而衣，自比于宾萌，奚以封为哉？抑越不听吾言，不用吾道，而吾往焉，则是我以义粜也，钧之粜，亦于中国耳，何必于越哉？”（《墨子·鲁问篇》《吕氏春秋·高义篇》）读此可见过度的享用，墨子是断断不肯的。

墨子是主张劳作神圣的人，他便照此实行。他说：“昔者禹之湮洪水、决江河而通四夷九州也，名山三百，支川三千，小者无数。禹亲自操橐耜而九杂天下之川，腓无胈，胫无毛，沐甚雨，栉疾风，置万国。禹大圣也，而形劳天下也如此。使后世之墨者……日夜不休，以自苦为极。曰：不能如此，非禹之道也。不足谓墨。”（《庄子·天下篇》）读此可知：吃苦是学墨第一个条件，有一点偷安偷懒，墨子便不认他做门生。

墨子效法大禹的“形劳天下”，自然是最重筋肉劳动。便对于脑力劳动，也并不轻视。他说：“必量其力所能至而从事焉。”（《公孟》）又说：“譬若筑墙然，能筑者筑，能实壤者实壤，能欣者欣，然后墙成也。为义犹是也。能谈辩者谈辩，能说书者说书，能从事者从事，然后义事成也。”（《耕柱》）有一位吴虑，因为墨子爱发议论，不以为然，说道：“义耳义耳，焉用言之哉？”墨子说：“设天下不知耕，教人耕与不教人耕而独耕者，其功孰多？”吴虑说：“教人耕者功多。”墨子说：“天下少知义，而教天下以义者功亦多，何故弗言也？”（《公输》）可见就是不能做“形劳”事业的人，只要能吃得苦替社会服务，就不悖墨子之教了。

墨子主张非攻，并不是空口讲白话。听见有人要攻国，他便要去阻止那攻的救护那被攻的。有一段最有名的故事，各书都有记载。如下：

> 公输般为楚造云梯之械，成，将以攻宋。子墨子闻之，起于鲁，行十日十夜而至于郢，见公输般。公输般曰：“夫子何命焉为？”子墨子曰：“北方有侮臣者，愿藉子杀之。”公输般不说。子墨子曰：“请献十金。”公

输般曰："吾义固不杀人。"子墨子起，再拜曰："请说之。吾从北方闻子为梯，将以攻宋。宋何罪之有？荆国有馀于地，而不足于民，杀所不足而争所有馀，不可谓智。宋无罪而攻之，不可谓仁。知而不争，不可谓忠。争而不得，不可谓强。义不杀少而杀众，不可谓知类。"公输般服。子墨子曰："然胡不已乎？"公输般曰："不可，吾既已言之王矣。"子墨子曰："胡不见我于王？"公输般曰："诺。"子墨子见王，曰："今有人于此，舍其文轩，邻有敝舆而欲窃之。舍其锦绣，邻有短褐而欲窃之。舍其粱肉，邻有糠糟而欲窃之。此为何若人？"王曰："必为有窃疾矣。"子墨子曰："荆之地方五千里，宋之地方五百里，此犹文轩之与敝舆也。荆有云梦，犀兕麋鹿满之，江汉之鱼鳖鼋鼍为天下富，宋所为无雉兔鲋鱼者也，此犹粱肉之与糠糟也。荆有长松、文梓、楩楠、豫章，宋无长木，此犹锦绣之与短褐也。臣以王吏之攻宋也，为与此同类。"王曰："善战！虽然，公输般为我为云梯，必取宋。"于是见公输般。子墨子解带为城，以牒为械，公输般九设攻城之机变，子墨子九距之。公输般之攻械尽，子墨子之守圉有馀。公输般诎而曰："吾知所以距子矣，吾不言。"子墨子亦曰："吾知子之所以距我者，吾不言。”楚王问其故，子墨子曰：“公输子之意，不过欲杀臣。杀臣，宋莫能守，可攻也。然臣之弟子禽滑釐等三百人，已持臣守圉之器，在宋城上而待楚寇矣。虽杀臣，不能绝也。”楚王曰：“善哉！吾请无攻宋矣。”（《墨子·公输篇》《战国策·宋策》《吕氏春秋·爱类篇》《淮南子·修务训》）

这一段故事，把墨子深厚的同情，弥满的精力，坚强的意志，活泼的机变，丰富的技能，都表现出来。细读可以见实行家的面目。此外当时事迹可考见的：如齐欲攻鲁，墨子见项子牛及齐王，说而罢之。楚欲攻郑，墨子见楚国的执政鲁阳文君，说而罢之。《诗经》说：“凡民有丧，匍匐救之。”墨子真当得起这两句话了。因为墨子有这种精神和技能，所以各国贪暴之君，不能不敬服他畏惧他几分。当时的战争，因墨子反对而停止的，很不少哩。

墨子既专以牺牲精神立教，所以把个“死”字看成家常茶饭。“鲁人有因子墨子而学其子者，其子战而死，其父让子墨子。子墨子曰：‘子欲学子之子，今学成矣，战而死而子愠，是犹欲粜，粜售则愠也。’”（《公输》）所以《淮南子》说：“墨子服役者百八十人，皆可使赴火蹈刃死不旋踵。”陆贾《新语》说："墨子之门多勇士。"我们从古书中可以得几件故事来证明：

孟胜为墨者钜子，善荆之阳城君。阳城君令守于国，毁璜以为符。约曰：符合听之。荆王薨，群臣攻吴起，兵于丧所，阳城君与焉。荆罪之，阳城君走，荆收其国。孟胜曰："受人之国，与之有符。今不见符，而力不能禁，不能死，不可。"其弟子徐弱谏孟胜曰："死而有益阳城君，死之可矣。无益也，而绝墨者于世，不可。"孟胜曰："不然。吾于阳城君，非师则友也，非友则臣也。不死，自今以来，求严师必不于墨者矣；求贤友必不于墨者矣；求良臣必不于墨者矣。死之，所以行墨者之义而继其业者也。我将属钜子于宋之田襄子。田襄子，贤者也；何患墨者之绝世也。"徐弱曰："若夫子之言，弱请先死以除路。"还，殁头前于孟胜。因使二人传钜子于田襄子。孟胜死，弟子死之者八十三人。二人已致命于田襄子，欲反死孟胜于荆。田襄子止之曰："孟子已传钜子于我矣。"不听，遂反死之。墨者以为不听钜子。（《吕氏春秋·上德篇》）

腹子为墨者钜子，居秦；其子杀人。秦惠王曰："先生之年长矣，非有它子也；寡人已令吏弗诛矣。先生之以此听寡人也。”腹子对曰：“墨者之法，杀人者死，伤人者刑，此所以禁杀伤人也。……王虽为之赐而令吏弗诛，腹不可不行墨子之法。……”（《吕氏春秋·去私篇》）

观以上两事，可以见得当时墨教的信徒，怎样的以身作则，怎样的为教牺牲自己。不是受墨子伟大人格的感化，安能如此。这种精神，真算得人类向上的元气了。

讲到这里，我们顺带着把“钜子制度”研究一回，也很有趣味。《庄子·天下篇》说：“以钜子为圣人，皆愿为之尸，冀得为其后世。”钜子地位的尊严，可以想见。现在钜子姓名可考见的，只有孟胜田襄子腹子三人。钜子很像天主教的教皇，大约并时不能有两人，所以一位死了，传给别位。但教皇是前皇死后，新皇由教会公举。钜子却是前任指定后任，有点像禅宗的传衣钵了。又据孟胜事的末句，有“墨者以为不听钜子”一语，像是当时孟胜那两位传命弟子应否回去死事，成了墨家教会里一个问题。想墨教的规条，凡墨者都要听钜子的号令。所以新钜子田襄子要叫那二人不死，就说“我现在是钜子了，你们要听我话。”那二人不听，所以当时有些墨者不以为然。即此可见墨学是一种有组织有统制的社会，和别的学派不同。倒是罗马人推行景教，有许多地方和他不谋而合，真算怪事。

就坚苦实行这方面看来，墨子真是极像基督。若有人把他钉十字架，他一定含笑不悔。但我们中国人的中庸性格，断不肯学罗马人的极端；所以当时墨教推行，并没有什么阻力，因此也惹不出什么大反拨。当时墨者的气象所以能如此其好，大半是受墨子人格的感化；他门下的人物，比孔门强多了；所以能成为一时的“显学”。直至秦汉之间，任侠之风还大盛，都是墨教的影响。可惜汉以后完全衰减了。

第七节　墨家之论理学及其他科学

一、《墨经》与《墨辩》

古书中之最难读而最有趣者，莫如《墨子》之《经上》《经下》《经说上》《经说下》《大取》《小取》六篇。晋朝有位鲁胜替前四篇作注，名曰《墨辩注》。“墨辩”两字，用现在的通行语翻出来，就是“墨家论理学”。（明代西洋论理学书初入中国，译作辩学。）但这六篇，性质各有不同。《经上》《经下》，是墨子自作。（容有后人增补。）《庄子·天下篇》说“墨者《墨经》”，诵的就是他。《经说》是《经》的解说，大概有些是墨子亲说，有些是后来墨家的申说，今不能分别了。《大取》《小取》两篇，是讲论理学的应用，而且用论理的格式说明墨学精义。像是很晚辈的墨家做的，或者和惠施公孙龙等有关系，也未可知。六篇之中，《大取》最难读，因为错简讹字太多了。《小取》最易读，因为首尾完具，有条理可寻。《经上》《经下》性质，虽然大略相同，却也有别。《经上》很像几何学书的“界说”，《经下》很像几何学书的“定理”。《经说上》《经说下》就是这种“界说”“定理”的解释。

《经上》里头有一句“读此书旁行”，我们因此才知道这四篇的读法，是要将各句相间，分为上下行排读。如《经上》发端：“故，所得而后成也。止，以久也。体，分于兼也。必，不已也。知，材也。平，同高也。”六句，其排列如下：

上行	下行
故，所得而后成也。	止，以久也。
体，分于兼也。	必，不已也。
知，材也。	平，同高也。

《经说》的排列，却又有点不同。前半篇是解释《经》文的上行，后半篇是解释《经》文的下行，试将《经说》各条分隶《经》文之下，则其排列如下：

上行	下行
《经》：故，所得而后成也。 《经说》：故。小故，有之不必然，无之必不然，体也，若有端。大故，有之必无然，若见之成见也。	《经》：止，以久也。 《经说》：止。无久之不止，当牛非马，若矢过楹。有久之不止，当马非马，若人过梁。
《经》：体，分于兼也。 《经说》：体。若二之一尺之端也。	《经》：必，不已也。 《经说》：必。谓台执者也。若弟兄。

学者若要研究这四篇奇文，须照此格式钞录一遍，两两对照，自然清楚。（看《间诂》卷十，五七至六三页）

二、墨家之知识论

墨学之全体大用，可以两字包括之，曰爱曰智。《尚同》《兼爱》等十篇，都是教“爱”之书，是要发挥人类的情感。《经》上下、《经说》上下、《大取》《小取》六篇，都是教“智”之书，是要发挥人类的理性。合起两方面，才见得一个完全的墨子。

《墨经》发端有四条论智识之界说：（所引原文，多经校正，不尽与今本同。说详拙著《墨经》《校释》不具引。）

《经》：知，材也。《经说》：知也者，所以知也。而不必知。若目。

《经》：虑，求也。《经说》：虑也者，以其知有求也；而不必得之。若睨。

《经》：知，接也。《经说》：知也者，以其知遇物而能貌之。若见。

《经》：恕，明也。《经说》：恕也者，以其知论物，而其知之也著。若明。

这四条合起来，才把智识的本质说明。第一，“知材也”的“知”字，是指意识的本能。有了这本能，才有能知之具；但不能说有了能知之具便算有智识。譬如有眼才能见物；但有眼未必便有见。第二，“虑求也”一条，说：要将“所以知”的本能指着一个方向去发动，这叫做思虑，这是构成智识之主观的条件。但仅有此条件，知识也未必就成立，因为思虑要有其所思虑之对象；天下事理，断不能一味靠冥想而得。第三，“知接也”一条，说将“所以知”的本能和外界的事物相接触而取得其印象；这是构成智识之客观的条件。（“知材也”之“知”，即佛典所谓“根”。“以其知遇物”之“物”，即佛典所谓“境”。“知接也”者，根取境也。）但仅有此条件，智识仍未完全成立，因为所摄得印象，若没有联络的关系，仍不能算做智识。第四，“恕明也”一条，“恕”即智字。“以其知论物”者，“论”是排比论次的意思。（释名云：论，伦也。）将所得的印象，比较审量一番，叫他有伦有脊，成一种明确的观念，这就是“以其知论物而其知之也著”。这是主观客观交相为用，智识才算完全成立了。

《墨经》又有一条，论知识之来源：

> 《经》：知，闻，说，亲。《经说》：知，传受之，闻也。方不瘴，说也。身观焉，亲也。

我们的知识，用什么方法得来呢？《墨经》说：有三种方法。第一是“闻”知，从传授得来。第二是“说知”，从推论得来。第三是“亲知”，从经验得来。例如小孩子，拿手去玩火，烫着大哭，从此知道火是热的了。这就是“身亲焉”的亲知。被这地方的火烫过一次，以后便连别地方的火都不敢摸。

因为他会推论，晓得凡火都是一样热。这就是“方不瘴”的说知。（本经云：“说，所以明也。”）并未曾被火烫过，他父母告诉他：“火是热的，不该去摸。”他便有了这种智识，不会上当，这就是“传受之”的闻知。人类得有知识，总不外这三种方法。

亲知是归纳的论理学，说知是演绎的论理学，这两种都是纯靠自力得来的知识。闻知是其他听受记诵之学，是借助他力得来的知识。三种交相为用，各有所宜，不能偏废。最靠得住的，自然是亲知。眼见了知色的白黑，耳听了知声的清浊，舌尝了知味的甘苦，手摸了知质的坚柔，这不是最正确的知识吗？所以现代科学精神，无论治何种学问，总以经验为重。可见求知识的方法，“亲知”该占第一位了。但人类躯壳，为方域所障限；若必须恃五官的亲自经验才得智识，智识能有多少呢？所以要靠“说知”做补助。既知凡火必热，又知这红闪闪的便是火，两个观念结合起来，不必亲自拿手去摸那红闪闪的，已经知他必热。这是最简单的“方不瘴”。隔墙见角而知有牛，隔岸见烟而知有火。（此二句是佛典语。）知道烟从火出，虽然隔岸见烟不见火，可以推定那里必有火；又知道火必热，更可以推定那里必热了，这是稍复杂的“方不瘴”。我们许多智识，都是用这种方法得来；他的作用，也不让“亲知”。但专用这两种方法还不够。譬如我们知道二千年前有位圣人叫做墨子，用什么方法知道呢？要用亲身的经验，那里找出一位墨子给我们看？要用推论，难道能说因有孔子便推定有墨子吗？况且连孔子也没亲见，又何以知道有孔子呢？像这类的事理，“亲知”与“说知”两穷。我们的知识，就全靠“相传下来有所受之”，所以“闻知”也是不可少了。这三种方法，一般的重要。像诸君在讲堂上听讲，在自修室读书，都是从“闻知”而得知识；不过是三种方法之一，若认此为尽知识之能事，那便错了。

秦汉以后儒者所学，大率偏于闻知、说知两方面。偏于闻知，不免盲从古人，摧残创造力；偏于说知，易陷于“思而不学则殆”之弊，成为无价值之空想，中国思想界之受病确在此。《墨经》三者并用，便调和无弊了。

墨子根据这三种方式以为立言之准则，无论研究何种问题，都拿来应用。所以他说：

> 凡出言谈，则不可不先立仪而言，若不先立仪而言，譬之犹运钧之上而立朝夕焉也，我以为虽有朝夕之辩，必将终未可得而从定也，是故言有三法。何谓三法？曰：有考之者，有原之者，有用之者。恶乎考之？考之先圣大王

之事。恶乎原之？察众之耳目之情。恶乎用之？发而为政乎国，察万民而观之。（《非命下》）

此段乃极言论理学之必要。谓发议论若不以论理学为基础，那议论都算白发了。论理学怎样做法呢？墨子提出三法（《非命上》作三表），“有考之者”，便是闻知的应用；“有原之者”，便是亲知的应用；“有用之者”，便是说知的应用。墨子虽然三表并列，但最注重者还是第二表。他说：

天下之所以察知有与无之道者，必以众之耳目之实察知有与无之为仪者也。诚或闻之见之，则必以为有，莫闻莫见，则必以为无。（《明鬼》）

凡事都要原察耳目之实，就是科学根本精神，就是那第三表的推论法，也是要看他是否“中国家百姓人民之利”（《非命上》），这就不是空泛的推论了，所以墨家言可算得彻头彻尾的实验派哲学。

这派哲学虽然是好，却也有流弊。因为“耳目之实”有时虽然很靠得住，有时也很靠不住。例如从山上望海，觉海水都白色，到底是白不是白呢？《荀子》说：“冥冥而行者，见寝石以为伏虎也，见植林以为后人也。”（《解蔽篇》）可见因种种关系，“耳目之实”不见得便正确。即如《明鬼篇》讲许多鬼，据墨子说来，都是众人共见共闻，难道便算得科学的有鬼论吗？即此可见亲知之外，更须有闻知说知为之补助了。

《墨经》还有一条，说亲知以外的智识。说道：

> 《经》：知而不以五路，说在久。《经说》：知，以目见，而目以火见，而火不见，惟以五路知。久，不当以目见，若以火见。

“五路”指眼、耳、鼻、舌、身五官，因是感觉所从入之路，所以叫做五路。“久”指时间；《经》中别有一条说：“久，合古今旦暮。”这条《经》的意思说：普通的知识，自然是由五官的感受而来，例如用目去见火，无目则火不能成见。虽然，亦有不恃五官感受作用者；例如时间观念，乃从时间自身印证出来，不像以目见火，倒像以火见火了。《墨经》又有一条，论对于自己智识程度，能有明确的自觉，是求真知识之一要件。说道：

《经》：知其所不知，说在以名取。《经说》：杂所知与所不知而问之，则必曰："是所知也，是所不知也。"取去俱能之，是两知之也。

这条和《论语》讲的"知之为知之，不知为不知，是知也"，大意相同；但说得更为切实。一个人要知道哪部分事理是自己所知，哪部分是自己所不知，看似容易，实乃大难。能够遇事分别指出，便是求真实智识第一段工夫。《墨经》又讲：知识要想方法传授与人。说道：

《经》：物之所以然，与所以知之，与所以使人知之，不必同，说在病。《经说》：物，或伤之，然也。见之，知也。告之，使知也。

学问的效用，不但是自己知之，还要使人知之。例如地是圆的，我自己或是因环游一周而知之，但不能人人都环游一周。所以要别想方法，令未环游的人都可以知之。这便是科学所由成立。像中国许多学问，都说"可以意会不可以言传"，那这种学问永远在科学范围以外了。

《墨经》论知识的尚有多条，以上所举，不过最重要的一部分。但读此已可见得墨学的精深博大了。

三、论理学的界说及其用语

西语的逻辑，墨家叫做“辩”。《墨经》言“辩”的界说有两条：

> 《经上》：辩，争彼也。辩胜，当也。《经说上》：辩，或谓之牛，或谓之非牛，是争彼也。是不俱当，不俱当，必或不当。不当，若犬。
>
> 《经下》：谓辩无胜，必不当，说在辩。《经说下》：谓，所谓，非同也，则异也。同，则或谓之狗，其或谓之犬也；异，则或谓之牛，其或谓之马也。俱无胜，是不辩也。辩也者，或谓之是，或谓之非，当者胜也。

合读这两条，“辩”的意义，大略可明了。所谓“辩争彼也”者，“彼”是指所辩的对象。本条之前，有一条释“彼”字之义，《经》云：“彼，不可两也。”《经说》云：“此牛，渠非牛，两也。”是说，凡辩论者，须以同一之对象为范围。例如我说：“甲是牛。”你说：“乙非牛。”此在理论学上不成问题。因为对象有两个，所以两造所持之说，可以俱是，可以俱非。反之，我说："甲是牛。"你说："甲非牛。"你我同争一个对象，这就辩论起来了。这种辩论，不会两边都对，不是我不对，就是你不对。若使这个"甲"实在是犬，你辩胜了我，便是你对我不对了。《经下》那条，申明这意思。凡辩论总须有一面胜了，才算结局。若两无胜败，便等于不辩了。但既已同辩一个对象，哪里有两无胜败的道理呢？上条说，"胜者当"；下条说，"当者胜"，两义正相发明。

墨子这种主张，后来庄子就提出正反对的意见。庄子说：

> 辩也者，有不见也。……既使我与若辩矣，若胜我，我不若胜，若果是也，我果非也耶？我胜若，若不我胜，我果是也，而果非也耶？其或是也或非也耶？其俱是也俱非也耶？我与若不能相知也，则人固受其黮暗，吾谁使正之？使同乎若者正之，既与若同矣，恶能正之？使同乎我者正之，既同乎我矣，恶能正之……（《齐物论》）

庄子纯属怀疑派的论调，认宇宙间没有绝对的真理。谓凡辩论的都是仅见一面，不见他面，所以得"辩无胜"的结论。到底主张"辩有胜"的墨子和主张"辩无胜"的庄子，他们两位这一场“辩”，谁当谁不当呢？我说：还要看所争的“彼”（即对象）是什么，若是辩论宇宙根本原理，这不是专靠智识所能解决的，无论怎样辩法，总是“或是或非”，或者“俱是俱非”。此外凡落到名相有因果关系的事物，那却是“是不俱当，不俱当，必或不当”了。既从知识范围内立论，我自然是左袒墨子。

“辩”的性质既已说明，然则“辩”究竟有什么用处呢？应该怎么“辩”法呢？《小取篇》说：

> 夫辩也者，将以明是非之分，审治乱之纪，明同异之处，察名实之理，处利害，决嫌疑，焉（训乃）摹略万物之然，论求群言之比。以名举实，以辞抒意，以说出故。以类取，以类予。

这一段，上半是讲辩的作用，因为要辩别真是真非，才可以应付事物，所以辩学不惟有益，而且必要。下半是讲辩的方法，“摹略万物之然”是搜求一切事物的真现象；“论求群言之比”是整理各种现象相互之关系。以下五句，是说用辩的方式，字字都极精审。“以名举实”三句，是演绎法的要件；“以类取”二句，是归纳法的要件。

论理学家谓“思惟作用”有三种形式：一曰概念，二曰判断，三曰推论。《小取篇》所说，正与相同。

（1）概念　Concept——以名举实

（2）判断　Judgment——以辞抒意

（3）推论　Inference——以说出故

如牛，如兽，如动物，都是一个概念。凡概念都要经过一番综合比较才能得来，有一个特别概念，就拿一个特别名号表示它，这叫做“以名举实”。判断是要两个以上的观念相连结，才能发生。如云“牛是兽”，是说牛的概念与兽的概念相函；如云“牛非禽”，是说牛的概念与禽的概念相外。用是非等字样判断两个概念的关系便是意，表示这意的那句话便是辞，这叫做“以辞抒意”。推论是要两个以上的判断相连结，才能发生。如说“牛是兽”，是一个判断，说“兽是动物”，又是一个判断，因这两个判断，便可以生“牛是动物”的第三个判断来。牛所以是动物之“故”，靠前两句来说明他，这叫做“以说出故”。

名字、实字、举字、意字、说字、故字、类字、取字的定义，《墨经》中皆有专条。除类字、取字应在次节解释外，今请引《经》文解释名实等字。

（一）名，实。名实两字，在春秋战国间学术界，为辩争极剧之问题。《墨经》所下定义如下：

> 《经》：名实合，为。《经说》：所以谓，名也。所谓，实也。名实耦，合也。志行，为也。
>
> 《经》：实，荣也。《经说》：实，其志气之见也，使之如己。
>
> 《经》：名，达，类，私。《经说》名，物，达也。有实必得是名也。命之马，类也。若实也者，必以是名也。命之臧，私也。是名也，止于是实也。

“所以谓，名也。所谓，实也。”这两句释名实二字最为精要。例如指着这部书叫他做《墨子》，所指的书是所谓，是实；《墨子》是所以谓，是名。《经说下》别有一条云：“举彼尧也，是以名示人也。指是虎也，是以实示人也。”解释名实二字，尤为明显。实，是客观上的对境；名，是主观上的概念。将对境摄取成为概念，概念对境，一致吻合。像以印印泥，印出的形象，即是原型的形象，这就是“名实耦”。“实”是要“志气之见，使之如己”，“志气”是事物的属性；“志”是指属性静的方面（志，止也），“气”是指动的方面。例如水，冷性是他的志，流相是他的气，我们凡指一物，总是指这物全部的属性，一点不挂漏，一点不含混；全部的属性，就是这物所以异于他物，就是这物的“己”，恰恰“如己”，便是实。

“名”是概念的表示，概念是经过总合分析比较才能发生，所以名有达名、类名、私名三种。达名，是一切事物共通之名，例如“物”。类名是包括这一类事物之名，例如“马”。私名是这一件事物专有之名，例如“臧”。（“臧”字在古书中，久成为仆隶之“类名”，其实古人所用仆隶，多起他个名字叫做“臧”，沿习既久，便成了“类名”。例如梅香本是一位丫头的名字，后来元明剧曲上凡丫头都叫做“梅香”；小二本是一位店里小伙的名字，后来《水浒传》上，凡店伙都叫做“店小二”）达名是表示共相，私名是表示别相，类名是表示共中之别，别中之共。列表如下：

- 物
  - 无生物
  - 有生物
    - 非生物
    - 动物
      - 非哺乳动物
      - 哺乳动物
        - 非人
          - 非马
          - 马
        - 人
          - 非仆隶
          - 仆隶
            - 其他仆隶
            - 臧

最广的达名是“物”，最狭的私名是“臧”，都是极单纯的。中间的类名，如“人”如“马”皆是，这却层累复杂了。所以有时大类名对于人类名，性质变成达名一样。例如：

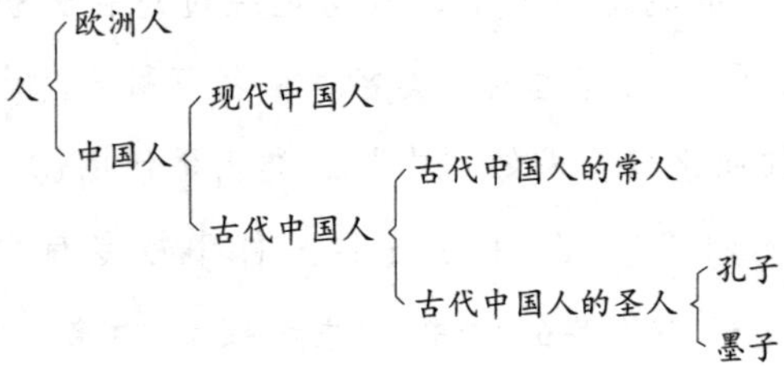

分类是正名的要紧关键，所以《墨经》中讲辩类的方法极详。（次节再论）欲辨别类名，要知道外延内包之大小。外延是就事物的范围而言，内包是就事物的属性而言。凡物外延愈小的，内包愈大；外延愈大的，内包愈小。例如下图：

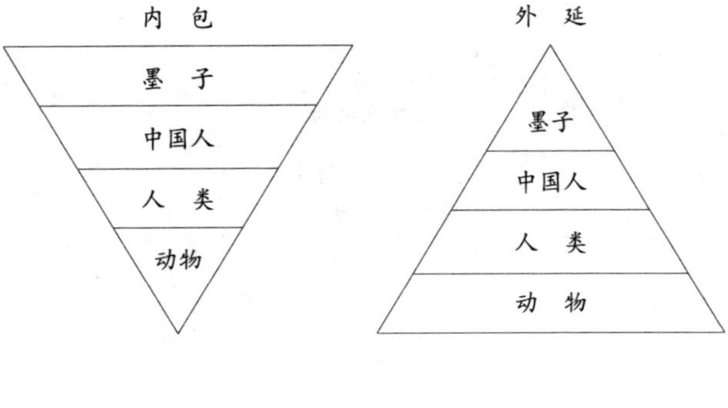

动物里头有人类，人类里头有全中国人，中国人里头有墨子。动物外延最大，墨子外延最小。墨子具备中国人的属性，中国人具备人类的属性，人类具备动物的属性，所以墨子内包最大，动物内包最小。《经说》中“有实必得是名，是名止于是实”讲的就是这个道理。

（二）举。有了这个概念，要把他表示出来，这叫做举。

> 《经》：举，拟实也。《经说》：举，告以是名举彼实也。

用这个名，表示那个实，是之谓“拟实”，是之谓举。然则怎样举法呢？是非有语言不可。《墨经》有一条讲言与名的关系，其文如下：

> 《经》：言，出举也。《经说》：言也者，口态之出名者也，名犹画虎也。言，谓也，言，由名致也。

出举，是把那“拟实”的“举”，弄它出来。怎样出法呢？是要用“口态”。概念是一种虚缈的东西，好像画的老虎一样，我脑里头虽然有全个老虎的印象，怎么才能令这印象厘然独立，不和别的印象相混呢？怎样才能把我脑里头的印象令人懂得呢？总要用口态把那虎字的发音吐出来，然后规定这种发音，就是表示如此这般的概念。所以说："言，谓也。言，由名致也。"《经说下》别有一条云："有是名也，然后谓之；无是名也，则无谓也。"就是申说"言由名致"的道理。

（三）辞。辞字《墨经》中无专条解释，以意推补之，则单言谓之言，复言谓之辞。凡一个"辞"总要包含两个以上的"名"。"名"，在论理学上叫做名词（Term）。"辞"，在论理学上叫做命题（Proposition）。

（四）意。意字《经》中亦无专条解释，但别有一条可相发明。

《经》信，言合于意也。《经说》：信，必以其言之当也，使人视，诚得金。

此条说"意"字，含忖度判断的意思，说那里一定有金，叫人去看，果然得金，就叫做"言合于意"。严格解释起来，这"意"字即《论语》"毋意毋必"的"意"，亦即"亿则屡中"的亿。《经下》别有一条云："意未可知，说在可用过仵"。意味正同。《小取篇》的"以辞抒意"，自然是用命题的形式表示所判断。但这“意”字，与其译作判断（Judgment），不如译作臆说（Hypothesis）；判断是说“这是真的”，臆说是说“这是近真的”。《墨经》用个意字，很表示谨慎态度。

（五）说。

《经》：说，所以明也。（此条有经无说）

此条《经》文容易了解，所以没有《经说》。但《经下》每条都有“说在什么”的字样，可以知道凡“说”都是证明所以然之故。所以说，“以说出故”。

（六）故。故字当英语之Cause，指事物所以然之故，即原因也。因果律为论理学第一要件，所以《墨经》第一条首释“故”字。

> 《经》：故，所得而后成也。《经说》：故，小故，有之不必然，无之必不然。体也，若有端，大故，有之必然，若见之成见也。

《说文》：“故，使为之也。”加热能使水蒸为汽，加冷能使水凝为冰。汽，得热而成，热是汽的原因；冰，得冷而成，冷是冰的原因。所以说：“所得而后成。”《经说》将原因分为总因分因两项；总因叫做大故，分因叫做小故。例如眼之见物，（一）须有能见之眼；（二）须有所见之物；（三）须有传光的媒介物；（四）须视线所经无障碍物；（五）要心识注视此物。这五个原因，有了一个，未必便能见，缺了一个，却一定不能见了，所以说："有之不必然，无之必不然。"若五件都完全，便叫做大故。有了这大故，一定成见，所以说："有之必然。"《小取篇》说："以说出故。"出的就是这个"故"。

以上把思惟作用的三种形式仔细说明，可以讲到论理学的方式了。

四、论理的方式

《墨经》论理学的特长，在于发明原理及法则，若论到方式，自不能如西洋和印度的精密，但相同之处亦甚多。印度的"因明"，是用宗因喻三支组织而成。式如下：

宗——声，无常。

因——何以故？所作故。

喻——凡作者皆无常，例如瓶。

《墨经》引说就经，便得三支。其式如下：

宗——“知，材也。”

因——何以故？“所以知”故。

喻——凡材皆可以知，“若目”。

这条是宗在经，因喻在说。《经上》《经说上》，多半是用这形式。《经下》《经说下》，则往往宗因在经，喻在说。如：

宗——“损而不害”。

因——说在余。

喻——“若饱者去余，若疟病人之于疟也。”

全部《墨经》，用这两种形式最多；和因明的三支极相类。内中最要紧的是“因”；“因”即“以说出故”之“故”。

西洋逻辑，亦是三支；合大前提，小前提，断案，三者而成，其式如下：

大前提——凡人必有死。

小前提——墨子，人也。

断　案——故墨子必死。

《墨经》中亦有用这形式的，例如下篇中有一条：

大前提——“假必非也而后假。”

小前提——“狗假虎也。”

断　案——“狗，非虎也。”

这种三支法，可以积叠起来，变成五六支。其法，是一个大前提，一个断案，中间夹着无数的小前提，层累而下。

《墨经》中有一条：

《经》非诽者谆，说在弗非。《经说》：非，非之，诽也。非诽，不可诽也。不可诽也，是不可非也。

将论式演出来，应得以下各条：

一、弗非者谆。

二、何以故？无是非之心故。

三、有非者则吾从而非之，是诽也。

四、非诽者，谓不可诽人也。

五、谓不可诽人，则是虽有非亦不可非也。

六、然则非诽是教人无是非之心，故诗。

此类条数虽多，其实可以三支驭之。

《墨子》全书，大半都是用这些论式构成，试在《天志篇》举几段为例。

一
- 大前提——天下有义则生，无义则死；有义则富，无义则贫；有义则治，无义则乱。
- 小前提——然则天欲其生而恶其死，欲其富而恶其贫，欲其治而恶其乱。
- 断　案——此我所以知天之欲义而恶不义也。

二
- 大前提——义必从贵者知者出。
- 小前提——天为知天为贵而已。
- 断　案——然则义果自天出矣。

三 { 宗——天之意，兼而爱之，不欲大国之攻小国也，
　　　　大家之乱小家也。……
因——然则何以知天之爱天下之百姓……以其
　　　　兼而有之。
喻——且夫天之有天下也，无以异乎诸侯之有四境
　　　之内也。今诸侯有四境之内，岂欲其臣民之
　　　相为不利哉？夫天之有天下也，无以异此。

试将全部《墨子》细读，到处都发见这种论式，便可见墨家的主义，都是建设在严密的论理学基础之上了。

五、论理的法则

墨家论理学最精彩的部分，在论法则。《墨经》有一条释“法”字之义：

《经》：法，所若而然也。《经说》：意，规，员，三也俱；可以为法。

法，是模范的意思，依着同一的模范做去，自然生出同样的结果，所以说“所若而然”。这模范的法又从哪里来呢？例如想做个圆模，把脑中圆的概念，意用一个画圆的规，规画出一个圆形，员三件和合，俱模便成了。还有一条引申此意；

> 《经》：一法之相与也尽类，若方之相合也，说在方。《经说》：一方尽类，俱有法而异。或木或石，不害其方之相合也。尽类，犹方也，物俱然。

这是说凡同法的必同类，一面也可以说凡同类的必同法。所谓科学精神，不外发明事物公共法则拿来应用。怎样的发明，怎样的应用，却是靠论理学。演绎的论理学，是把同法的推到同类；归纳的论理学，是从同类中求出同法。论理学既在学问上负这样重大的任务，所以他自身当然要有公用的法则了。

《小取篇》列出七个重要的法则：一或，二假，三效，四辟，五侔，六援，七推。

（一）或。“或也者，不尽也。”

《经上》云：“尽，莫不然也。”此处以“不尽”训“或”者，“或”古域字，有限于一部分之意，便非“莫不然”了。本条讲的是论理学上“特称命题”。凡命题有全称（Universal）、特称（Partieular）之分：例如说：“凡人皆有死”，主词的“凡人”，是全称，是尽，所以可以说个“皆”字，表示“莫不然”的意思。如说：“有些人黄色，有些人白色”，便是说人或黄或白，主词的“有些人”，是特称，是不尽。若全称特称错倒，论理便成误谬。

（二）假。“假也者，今不然也。”

本条讲的是论理学上假言命题。凡命题有定言（Categorical）、假言（Hypot-hetical）之分，普通的三支论法，都是定言命题。如云“凡人皆有死”“墨子是圣人”之类皆是。假言命题是假设之词，如云“明日若天晴，我要逛西山。”如云“你若学得到墨子，便也是一位圣人。”这都是假说的话，现在还未实现，所以说“今不然”。假言命题的论式，和定言的完全不同，所以特别论他。

（三）效。“效也者，为之法也。所效者，所以为之法也。故中效则是也，不中效则非也。”

“效”即是法则。仿照那法则去做，叫做效，那法则便是所效。与法则相应的论辩，便是中效；反是，便是不中效。

论理学的法则极复杂极谨严，稍不留心，就会闹到不中效了。《小取篇》有一段说不中效的例。云：

其弟，美人也；爱弟，非爱美人也。车，木也；乘车，非乘木也。船，木也；入船，非入木也。盗，人也；多盗非多人也，无盗非无人也。奚以明之？恶多盗非恶多人也，欲无盗非欲无人也，爱盗非爱人也，不爱盗非不爱人也，杀盗非杀人也。

此一段是论名辞周遍（Distribute）的法则。上文说：或“一周而一不周”，即是此意。名辞周遍不周遍，在论理学上极要注意。如云：“凡人皆有死”，“人”之名周遍，“死”之名不周遍，因为有死的很多，不独在人。如云：“有些人是白种”，“人”与“白种”两名都不周遍；因为人不皆白，白者又不皆人。如云：“无人能飞”，那就“人”与“飞”两名都周遍了；因为凡人都不会飞，凡会飞的都不是人。所谓周遍不周遍的法则如此。试观甲图：弟为美人之一部分，车船为木之一部分，但都是不周遍的；弟之外尚有美人，车船之外尚有木。

所以说爱弟即爱美人，乘车船即乘木，断然是不中效。反言之，若说爱美人即爱弟，乘木即乘车船，也是不中效。

试观乙图：弟有时可以在美人范围之外；车船之外，尚有别的木，木之外，亦尚有车船的原料。杀盗杀人之喻亦如此，人固不皆盗，盗亦不必皆人。

亦有两样反对的论断，都可以中效的。试举一例：

《经》：狗，犬也，而杀狗非杀犬也可，说在重。《经说》：狗，犬也。谓之杀犬可。

《尔雅》说："犬未成豪曰狗。"狗之外尚有犬，狗对于犬不周遍；所以《经》文说"杀狗非杀犬"的论断，可算中效。但犬之外却无狗，犬对于狗周遍；所以《经说》说"杀狗即杀犬"的论断，也可算中效。

以上都是论判断中效不中效。但有时判断虽中效，而所以判断之"故"还会不中效。（"故中效则是也"胡氏读故字断句，谓即"以说出故"之"故"，亦可通）《经》中有一条说：

《经》：狂举不可以知异。说在有不可。《经说》：狂，牛与马虽异，以"牛有齿马有尾"，说牛之非马也，不可。是俱有，不偏有偏无有。牛之与马不类，用"牛有角马无角"，是类不同也。

说"牛非马"，这判断自然是不错了。问你何故说"牛非马"，你说"牛有齿马有尾"，这就是你所出的"故"不中效。因为齿与尾都是牛马所同有，不能拿来表示差别；若说因为“牛有角马无角”，那便中效了。

此外《经》文中讲中效不中效的例还很多，不必一一征引。观此，已可以知效字的意义了。

（四）辟。（同譬）“辟也者，举他物而以明之也。”

此条论譬喻的作用，胡适引《说苑》中讲惠施一段故事，解释得最好：

> 梁王谓惠子曰：“愿先生言事则直言耳，无譬也。”惠子曰：“今有人于此，而不知弹者。曰：‘弹之状何若？’应曰弹之状如弹，则谕乎？”王曰：“未谕也。”于是更应曰：“弹之状如弓而以竹为弦，则知乎？”王曰：“可知矣。”惠子曰：“夫说者固以其所知谕其所不知而使之知之，今王曰无譬，则不可矣。”

《经下》云：“所以知之与所以使人知之不必同。”譬喻的用处就在所以使人知之。陈那《因明论》云：“能立，与能破，及似，唯悟他。现量，与比量，及似，唯自悟。”论理学本兼自悟悟他两种任务，譬喻是悟他的简捷方法，所以因明三支，喻居其一。《墨经》中引喻最多，如前文所举“若目”“若睨”“若见”“若明”诸条皆是。

（五）侔。“侔也者，比辞而俱行也。”

这亦是“使人知之”的一种方法。辟是用那个概念说明这个概念，侔是用那个判断说明这个判断；辟是用之于“以名举实”，侔是用之于“以辞抒意”。（下文援推两法，是用之于“以说出故”）胡适引《公孙龙子》解释此条，甚好：

> 龙闻楚王……丧其弓，左右请求之。王曰：“止，楚人遗弓，楚人得之，又何求乎？”仲尼闻之曰：“……亦曰人亡之人得之而已，何必楚？”若此，仲尼异“楚人”于所谓“人”，夫是仲尼异“楚人”于所谓“人”，而非龙异“白马”于所谓“马”悖。

楚人对于人不周遍，故不能将楚人与人混为一谈；白马对于马不周遍，故不能将白马与马混为一谈。两辞的性质完全相同，那个辞中效，这个辞也中效，这便是“比辞而俱行”。《经下篇》每条都有“说在某说在某”等文，用的就是侔法。侔虽是善法，但应用时极要谨慎。《小取篇》又说：

> 辞之侔也，有所至而止。其然也，有所以然也。其然

也同，其所以然不必同。

比辞须有个界限，不能越界而比。因为虽同然的事物，其所以然或不同，不同就不能互比了。《经下篇》有一条，消极的规定比辞公例，如下：

> 《经》：异类不比，说在量。《经说》：异，木与夜孰长？智与粟孰多？爵、亲、行、价，四者孰贵？麋与虎孰高？

如云“此木甚长”“此夜甚长”这两个辞表面上完全相同，但不能说此木比此夜长若干，因其为长虽同，其所以长不同。爵位可贵，父母可贵，品行可贵，高价之物亦可贵，但所以贵者不同。若说“父母之贵值钱若干”，这还成句话吗？所以异类的辞，就不能比以俱行。

（六）援。“援也者，曰：子然，我奚独不可以然也？”

援是援例。援与辟侔，都是将所已知说明所未知。但辟是用之于概念，侔是用之于判断，援是用之于推论。援，要援他所以然之故，故曰：“子然我何独不可以然？”凡事物之“然”，必有其所以然，即“有之必然”之“大故”是也。子既有之而然，我若有之亦何独不然？所以可以援子以例我。如知道张三用功，考得优等。李四也是一样用功，就可以援例知他必得优等，这就是援的作用。《经说下》有一条极精到，说道：

> 以所明正所不知，不以所不知疑所明，若以尺度所不知长。

这就是讲援的作用。

（七）推。“推也者，以其所不取之同于其所取者予之也，是犹谓他者同也，吾岂谓他者异也？夫物有以同而不率遂同。”

此条便是上文总论所讲的“以类取以类予”，是讲归纳法，是论理学中最要的部分，是增加新智识的不二法门。想要仔细说明他，须将推字、类字、取字、予字、同字、异字之定义，逐一说明，这些字《墨经》中都有专条解释。今为令诸君容易了解起见，先将西洋的归纳法大略一讲，再引《经》文将以上各字逐一解释，最后乃释本条条文。

西洋论理学，发源希腊，二千年间，学者递相传习。但所讲的都是演绎法，陈陈相因，变成一种形式的学问。直至十七世纪，倍根始发明归纳法。十九世纪，穆勒约翰把归纳法应用的法则，研究得更为完密。论理学的面目，在这三百年内，完全革新，科学勃兴，实以此为原动力。其关系重大如此。然则归纳法和演绎法的不同在哪里呢？演绎法是将已经发明的定理，拿来推演；归纳法是要发明新定理，而且检点旧定理的真假。例如“凡人必死。（大前提）墨子，人也。（小前提）故墨子必死。（断案）”这种三支论法，目的必是在讨论“墨子必死”的问题是否正确。但若使上举两个前提都已正确，则“墨子必死”乃自明之理，何劳推论？这种演绎，便是画蛇添足。若使这两个前提有一个不正确，或者世界上原有不死的人，那么，就难保墨子不死。这不死的里头，（唐以后的道士，就说墨子升仙）或者墨子并不是人，那么，人虽必死，墨子还可以不死。（耶教徒就说基督不是人）然则你说“墨子必死”的断案，就算正确吗？一定要用种种方法证明凡人必死，又用种种方法证明墨子一定是人，才算是正确的断案。例如说：“雷公是打恶人的（大前提），某甲被雷打（小前提），所以某甲是恶人（案断）。”这段话在演绎法的形式上，丝毫没有谬误，难道能说他是真理吗？归纳法是要研究世界是否有雷公，某甲是否被雷公打，研究的结果，才可以得真的定理和新的定理，这就是归纳法的功用。

穆勒的归纳，用五种方法：

（一）求同The Method of Agreement

（二）求异The Method of Difference

（三）同异交得The Method of Agreement and Difference

（四）共变The Method of Conomitant Variation

（五）求余The Method of Residues

这五种方法的应用，各家论理学书有一段论结露的原因，最为有趣。今不嫌支离，详述如下：

我们要知道空气为什么凝结而成霜露等物？第一步：可用求同法研究他。暑天饮冰水，看见玻璃杯的外面结露；冬天外边下大雪，屋里烧着大火炉，看见玻璃窗内面结露；拿面镜子或铜墨盒盖，用口向着他呵气，他面上就结露。综合这三种现象，可以得一个公例，是："凡结露的物体，比诸四周围的空气较冷"，这算是一个原则了。但还有一种现象应该注意：夜间树叶上也结露，何以见得那块叶一定比四围空气冷呢？这很容易证明。试用两个寒暑表，一个悬在空中，一个放在叶上，那叶上的表，一定比空中的表温度较低。可见树叶结露的原因，完全与玻璃杯等相同了。这就是用求同法求出来。

虽然，何以见得这一定是原因不是结果呢？或者因为结露之故，才令该物体冷了，也未可知。即不然，或者别有一个原因，而结露与物体之冷同为联带的结果，也未可知。所以这个原则是否可靠，还要用别的方法来证明。于是用求异法。同是装着冰水，为什么玻璃杯结露，瓷器杯不结露呢？同在一个滑面上呵气，为什么玻璃镜的露结得快，墨盒盖上结得慢呢？同在一个墨盒盖上呵气，为什么光滑的那部分结露多，雕刻或锈坏的那部分结露少呢？就这些异处逐一求去，可见结露之有无快慢多寡，一定和该物体更有关系了。

于是再用共变法，将各种物体一一检查，可以发现两个原则，第一：传热难的物质结露易，传热易的物质结露难。第二：散热易的物态结露易，散热难的物态结露难。既是传热难而散热易的物体，那么，一面他的外部感受冷气，就把原有的热容易散发了去；一面想从别处传通热量以补偿所消失，却甚迟慢。他那外层的滑面，自然是要比四围空气较冷了。这就可以证明最初发现的原则，一点都不错。

最后更用同异交得法来证实他。试取那种种结露的物体来比较；以物质论：或是玻璃，或是铜，或是树叶，各各不同。以形状论：或是圆的立体的，或是方的平面的，或是尖的，各各不同。以位置论：或在桌子上，或在墙上，或在空地，各各不同。以时候论：或在冬，或在夏，或在日里，或在夜间，各各不同。除却“传热难散热易本体比周围空气较冷”

这一个条件外，其余各种情状，没有一样相同，然而同生出结露的现象。又翻过来，取那种种不结露的物体来比较，一个瓷杯，一个陶杯，一个石杯、玉杯、金杯、铜杯、竹杯、木杯，款式容量，都和玻璃杯一样；装着一样多的冰水，同一个时候，摆在一张桌子上，除却“传热难散热易本体周围空气较冷”这一个条件外，没有一样和玻璃杯不相同，然而都不能生出结露的现象。于是乎“传热难散热易本体比周围空气较冷为结露原因”这一个断案，便成了颠扑不破的真理了。

诸君听了这段话，总应该想起《墨经》第一条说的“故，所得而后成也”，及那条经说说的“小故，有之不必然，无之必不然；大故，有之必然”。玻璃窗结露的原因，（一）因外边下大雪；（二）因屋里有火炉；（三）因这块玻璃传热难；（四）因这块玻璃散热易；（五）因这块玻璃介在屋顶屋外，外面空气冷，内面空气暖。这五件都是“小故”；缺了一件，断不会结露；仅有一件或两三件，仍不会结露。五件凑在一起，这块玻璃在屋里那一面，比屋里空气较冷，便成了“大故”；得了这大故，那露便成了。

这是用归纳方法，从物体的方面研究结露的原因。至于空气方面，我们可以用演绎法来说明它。我们读过物理学书，知道有三种定理，已经为学界所公认。其一，空气所能保持的水分，缘该空气的温度而生差异。若干的温度，只能保持若干的水分，倘使水的分量超过这个程度，一定由气体变成液体，从上面掉下来了。其二，空气温度愈高，所能保持水气的分量愈多，愈低则愈少。其三，空气接触着比它自己较冷的物体，那触物的空气，便失了它原来的温度。我们既已知道三种定理，就可以应用它来演绎结露现象。有块树叶在此，那叶面比周围空气较冷，于是触着这块叶的空气也冷了。空气冷了，保持不住固有的蒸发力，于是变为液体。那液体又依重学的定理，照例要下坠，所以就黏在这叶上面成了水滴。研究到这里，结露的原因，真算毫发无遗憾了。据此说来，前段说的还不算"大故"；再加上"空气所含水分太多遇冷物变成液体"和那"传热难散热易本体比周围空气较冷"的物件碰在一起，这真是露之"所得而后成"了。

我讲的是《墨子》，无端插入这一大堆话，真可谓横生枝节。但我想趁这机会，告诉诸君做学问的方法。诸君听了，可以知道研究真理，应采何等态度。极微细极普通的现象，欲彻底知道它所以然之故，也很不容易。但既知道方法，研究下去，却实有兴味。诸君听过这段话，应知道论理学为一切学问之母，以后无论做何种学问，总不要抛弃了论理的精神，那么，真的知识，自然日日加增了。

如今用得着小说家两句套调：“闲话休提，言归正传。”墨子的论理学，不但是讲演绎法，而且讲归纳法。他的归纳法，不能像二千年后的约翰·穆勒那样周密，自无待言。但紧要的原理，他都已大概说过。今请逐条引证。

《经》：推诸其所然者于未然者。说在于是推之。

“推”字，依《小取篇》所说，全属归纳法；依这条经文所说，是演绎归纳两法通用；总是举所已知以明所未知。所以近世论理学家说演绎是直接推理，归纳是间接推理。

《经》：正，因以别道。《经说》：正：彼举其然者以为此其然也，则举不然者而问之。

《经》：正，类以行之。说在同。《经说》：正：彼以此其然也，说是其然也。我以此其不然也，疑是其然也。此然是必然，则俱。

这两条说的“正”字，是归纳法的根本作用。有许多向来认为真理的，都要用归纳法来矫正一番。“彼举其然者以为此其然也，则举不然者而问之。”譬如有人说：“一定要有君主，国家才能富强。”我就可以反问他：“美国法国怎么样呢？”有人说：“必要有议会，才算人民政治。”我就可以反问他：“现在俄国怎么样呢？”这就是矫正作用。矫正作用，要“以类行之”。什么是类呢？就是看他同不同。若甲然乙必然，便是同了。例如玻璃杯结露，墨盒盖结露，树叶亦结露，看他同一的现象，就知道有同一的原因。

既是“类以行之”；那么，研究同异问题最重要了。经中有许多条：

> 《经》：同：重，体，合，类。《经说》：同：二名一实，重同也。不外于兼，体同也。俱处于室，合同也。有以同，类同也。
>
> 《经》：异：二，不体，不合，不类。《经说》：异：二毕异，二也。不连属，不体也。不同所，不合也，不有同，不类也。

这两条释同异的定义。同有四义：仲尼即是孔子，是谓重同。直隶是中国的一部分，是谓体同。（《经上》：体，分于兼也。）你我都是中国人，是谓合同。孔子、墨子、释迦、基督都热心救世，是谓类同。异有四义：孔子非墨子，是因二而异。《墨经》非《六经》的一部分，是因不体而异。墨子与基督，不同国，不同时，是因不合而异。孔子与盗跖性质完全相反，是因不类而异。

这两条以外，《经》中释同异者尚多，诸君可以自己参考，不必征引了。今论归纳同异之法。

（一）求同法

《经》：同：异而俱于此一也。（《经说》讹误不可读）

《经》：法同则观其同。《经说》：法：法取同，观巧转。（巧转二字有讹）

这是讲“求同法”。专就他的方面观察。怎样观察法呢？是“异而俱于此一”。装冰水的玻璃杯，呵气的墨盒，大月亮底下的树叶，明明是异的，专就结露这一点，把他“俱”起来，这就是“取同”。

（二）求异法

《经》：法异则观其宜。《经说》：法：取此择彼，问故观宜。以人之有黑者有不黑者正黑人，与以有爱人者有不爱人者正爱人，是孰宜？

从同中挑出异的部分，是“取此择彼”。研究他为什么异，是“问故观宜”。玻璃杯、瓷杯同装冰水，何故一个结露，一个不结露？玻璃杯银杯同装冰水，虽然都结露，何故一个结得快结得多，一个结得慢结得少？要问其故，观其宜。

（三）同异交得法

《经》同异交得知有无。（《经说》讹误不可读）

这一条《经说》，共有九十一个字，在《经说》中算是最长。但错得不成话，我绞了几日脑浆，到底无法读通。如此要紧的一条，偏偏遭这个厄。不独我国古籍之不幸，实是全世界学术界之不幸了。但据经文这七个字，用穆勒的方法解他，意思也可以略明。“有无”像是很容易知道，其实不然。

非用同异交得之法，往往不能辨别有无。所以因明学讲“同品定有性异品遍无性”。例如结露的现象，凡属本体比周围空气较冷之物体皆定有，何以故？同品故。反是者遍无，何以故？异品故。此处有无两字，就是“大故有之必然小故无之必不然”之有无。

归纳的五种方法，《墨经》中有了三种。其实共变法不过求异法的附属，求余法不过求同法的附属，有这三种已经够了。同异等字义，既已解释明白，于是《小取篇》论“推”的那条，也可以解了。

以类取。以类予。

推也者，以其所不取之同于所取者予之也。是犹谓他者同也，吾岂谓他者异也。夫物有以同而不率遂同。

《经说》云：“有以同，类同也。”此文说“物有以同而不率遂同”者，谓不必全部分皆同，只要将“有以同”的部分分出“类”来，就可以“推”了。推的方法，是“以类取以类予”，取是举例，予是断定。何谓以类取？看见玻璃杯在这种条件之下结露，玻璃窗、墨盒、树叶，都是在这种条件之下结露，凡属同条件的都引来做例证，便是“以类取”。何谓以类予？把同类的现象，总括起来，下一个断案，说道：“凡传热难散热易本体比周围空气较冷的东西和那含水分太多遇冷物变成液体的空气相接触一定要结露。”便是“以类予”。“所不取者”犹言所未取者，玻璃杯装冰水，曾经试验过，便是“所取者”。银碟装埃士忌廉，未曾试验过，便是“所未取者”。

因为银碟装埃士忌廉“同于”玻璃杯装冰水，所以就把同一的断定给他，说他也要结露，这便是“以其所不取同于其所取者予之”，这就是“以所明正所不知”，这就是归纳。“是犹谓他者同也，吾岂谓他者异也”者，说是既用归纳法推得这个断案，我若举不出反对证据，我便不能持异论了。

以上把《墨辩》的七法讲完，墨家论理学的全部也算讲完了。这部名著，是出现在阿里士多德以前一百多年，陈那以前九百多年，倍根、穆勒以前二千多年。他的内容价值大小，诸君把那四位的书拿来比较便知，我只字也用不着批评了。只可惜我们做子孙的没出息，把祖宗遗下的无价之宝，埋在地窖子里二千年。今日我们在世界文化民族中，算是最缺乏论理精神、缺乏科学精神的民族，我们还有面目见祖宗吗？如何才能够一雪此耻？诸君努力啊！

六、其他科学

《墨经》中言其他科学者尚多，今各举数条为例。

（一）形学

近年学者渐渐研究《墨经》，多半从形学方面引出兴味来，经中讲形学的有十多条，先明白他的特别用语，然后可读。略举如下：

1.兼——全量	7.倍——加
2.体——部分	8.损——减
3.端——点	9.撄——交
4.尺——线	10.仳——比例
5.区——面	11.盈——容积
6.厚——体	12.次——排列

《经》：体，分于兼也。《经说》：体：若二之一尺之端也。

这是几何公理讲的“全量大于其分”，“全量等于各分之和”。二为一之全量，一为二之部分。线为点之全量，点为线之部分。

《经》：端，体之无序而最前者也。

这是说点为一切形之始。

《经说》：尺前于区而后于端。

这是说有点而后有线，有线而后有面。

《经》：厚，有所大也。《经说》：厚：区无所大。

这是说体有容积，面无容积。

《经》：盈，莫不有也。《经说》：盈：无盈无厚。

这是说有容积才成体，容积要点、线、面、体俱备，故说“莫不有”。

《经》：撄，相得也。《经说》：撄：尺与尺俱，不尽。端与端俱，尽。尺与端，或尽或不尽。兼撄相尽，体撄不相尽。

这是说点、线等相交之异同。

《经》：仳，有撄有不相撄也。《经说》：仳：两有端而后可。

这是说有了定点才能比例。

《经》：次，无间而不相撄也。《经说》：次：无厚而后可。

这是说形之排列，意义未明。

《经》：倍，为二也。《经说》：二：尺与尺俱，去一得二。

这是说部分合为全量，以线加线。去了一线，这线之大却比前加倍。

《经》：损，偏去也。《经说》：损：偏去也者，兼之体也。其体或去或存，谓其存者损。

这是说全量析为部分。

《经》：平，同高也。

《经》：中，同长也。《经说》：中：自是往相若也。

《经》：直，参也。

《经》：圆，一中同长也。《经说》：圆，规写交也。

《经》：方，柱隅四杂也。《经说》：方：矩见交也。

这是释方圆平直正的定义。

墨子年代，在欧几里得之前，《经》中论形学各条，虽比不上《几何原本》的精密，但已发明许多定理。

（二）物理学

《经》：有间，中也。间，不及旁也。栌，间虚也。

这是说凡物质皆有孔隙。

《经》：坚，相外也。《经说》：坚：异处不相盈，相非（同排）是相外也。

这是说凡物之有质碍者，皆在空间占一位置；不能并时并处与他质碍相容。

《经》：非半不𣂪则不动，说在端。

这是说物质不灭，虽析之极微，仍在。

《经》：力，形之所以奋也。

这是说力之运动，为万有之本原。

《经》：正而不可摇。说在转。《经说》：正：凡无所处而不中，悬转也。

这是说圆球悬转于空中随处皆为中心。

《经》：均之绝否，说在所均。《经说》：均：发均县，轻重而发，绝，不均也。均，其绝也莫绝。

这是说重力相等之理。

《经》：始，当时也。《经说》：始：时，或有久，或无久。始，当无久。

这是说时间观念，可以剖析至极微。虽“无久”仍不失为时。时间之“始”，等于空间之“端”。

《经》：止，以久也。《经说》：止：无久之不止，若矢过楹。有久之不止，若人过梁。

这是说空间时间观念都不是绝对的。

《经》：景不徙。说在改为。《经说》：景：光至，景亡。若在，尽古息。

这是说凡目所见的现象，不是原来的。

此外说光学重学的尚有多条，不具引。

（三）经济学

《经》：买无贵。说在反其贾。《经说》：买：刀籴相为贾。刀轻则籴不贵，刀重则籴不贱。王刀无变籴有变，岁变籴则岁变刀。

《经》：贾宜则雠。说在尽。《经说》：尽也者，尽去其所以不雠也。其所以不雠去，则雠，正贾也。

这两条都是说价值之原理。

此外讲心理学、伦理学、政治学的，都很多。我新著一书，名《墨经校释》，各条都有详注，可以参考。

古书颇言墨子制造技巧之事，如“以木为鸢，飞三日不集”等类（《韩非子·外储说》《淮南子·齐俗训》）；其信否虽不敢断言。但《墨经》既如此注重科学，则工艺上之有所发明，乃当然之结果。本书第十四、十五两卷，有《备城门》至《杂守》，凡十一篇，皆墨子与禽滑釐问答，专论守御之法，其中关于建筑制造之技术甚多，此十一篇名词古奥，文义艰深，其艰读与《墨经》等。虽不能尽索解，但因此可以见墨家科学之一斑了。

第八节　结论

自汉以后，墨学算是完全灭绝了。但在战国时，其学极光大。所以孟子说：“杨朱墨翟之言盈天下。天下之言，不归杨，则归墨。”（《滕文公上》）韩非子说：“世之显学，儒墨也。”（《显学篇》）《吕氏春秋》说：“孔墨徒弥众，弟子弥丰，充满天下。”（《尊师篇》）又说：“孔墨之后学，显荣于天下者众矣，不可胜数。”（《当染篇》）直至汉初，凡举古圣贤犹以孔墨并称。古代墨学之普及，可以想见了。因为其学既盛行，而且最有特色，故诸家批评之论独多。今略举之：

《孟子》云：

> 墨子兼爱。摩顶放踵利天下为之。（《告子下》）
>
> 杨氏为我，是无君也。墨氏兼爱，是无父也。无父无君，是禽兽也。（《滕文公上》）

孟子以距杨、墨为职志，他说的“摩顶放踵利天下为之”，却真能传出墨子精神，不是罪案，倒是德颂了。但他说兼爱便是无父，因此兼爱便成了禽兽。这种论理学，不知从那里得来？

荀子云：

> 墨子有见于齐，无见于畸。有齐而无畸，则政令不施。（《天论篇》）
>
> 墨子蔽于用而不知文。……由用谓之，道尽利矣。（《解蔽篇》）

不知壹天下建国家之权称，上功用大俭约而慢差等，曾不足以容辨异悬君臣。然而其持之有故，其言之成理，足以欺惑愚众，是墨翟宋钘也。（《非十二子篇》）

大有天下，小有一国，必自为之然后可，则劳苦耗悴莫甚焉。……何故必自为之？为之者，役夫之道也。墨子之说也。（《王霸篇》）

墨子之言昭昭然为天下忧不足。夫不足非天下之公患也，特墨子之私忧过计也。……天下之公患乱伤也。胡不尝试相与求乱之者谁也？我以墨子之非乐也，则使天下乱；墨子之节用也，则使天下贫。非将堕之也，说不免焉。墨子大有天下，小有一国，将戚然衣粗食恶，忧戚而非乐；若是则瘠，瘠则不足欲，不足欲则赏不行。墨子大有天下，小有一国，将少人徒，省官职，与百姓均事业齐功劳。若是则不威，不威则罚不行。赏不行则贤者不可得而进也，罚不行则不肖者不可得而退也。……则能不能不可得而官也。若是则万物失宜，事变失应。……（《富国篇》）

人不能不乐，乐则不能无形，表而不为道则不能无乱。先王恶其乱也，故制雅颂之声以道之。使其声足以乐而不流，使其文足以辨而不諰，使其曲直繁省廉肉节奏足

以感动人之善心，使夫邪污之气，无由得接焉。此先王立乐之方也。而墨子非之奈何。……（《乐论篇》）

荀子的批评，比孟子结实多了。荀子第一件：反对墨子的兼爱，说他“有见于齐无见于畸”，说他看见人类平等的方面，忘却他不平等的方面。确能中墨子之病。但荀子自己，却是“有见于畸无见于齐”。他认“容辨异悬君臣”是社会组织唯一要件，全是为阶级观念所束缚，见地实远在墨子下了。第二件：反对墨子的实利主义，说他“蔽于用而不知文”，也确能指出墨学偏激的地方。第三件：反对墨子的非乐，就是“蔽于用而不知文”的证据。审美观念，低减到零度，这确是墨学失败最大原因了。第四件：反对墨子的节用，说因此“赏罚不行事变不应”，虽也是从人类本性立论，所说并非甚谬，但未免利用人类缺点，不如墨学之纯洁。要之，荀子是代表小康派儒家学说，与墨学恰成正面之敌，故其所论驳，往往搔着痒处。至其孰是孰非，则学者自判断之可耳。

汉司马谈云：

墨者俭而难遵，是以其事不可遍循。然其强本节用，不可废也。……夫世异时移，事业不必同，故曰俭而

难遵。要其强本节用，则人给家足之道也。（《史记·太史公自序》）

谈是道家者流，此论颇公平。谓其“难遵”，谓其“不可遍循”，不失折衷态度。惟以强本节用尽墨学，不能举墨学要领。

后汉王充云：

墨家之议右鬼，以为人死辄为神鬼，而有知能，形而害人，故引杜伯之类以为效验。儒家不从，以为死人无知，不能为鬼。……事莫明于有效，论莫定于有证。空言虚语，虽得道心，人犹不信。……夫论不留精澄意，苟以外效立事是非，信闻见于外，不诠订于内，是用耳目论，不以意议也。夫以耳目论，则以虚像为言，虚像效，则以实事为非是，故是非者不徒耳目，必开心意。墨议不以心而原物，苟信闻见，则虽效验章明，犹为失实。……虽得愚民之欲，不合知者之心。盖墨术所以不传也。（《论衡·薄葬论》）

墨家之议，自违其术。其薄葬而又右鬼。……夫死者审有知而薄葬之，是怒死人也。……如以鬼非死人，则其

信杜伯非也；如以鬼是死人，则其薄葬非也。术用乖错，首尾相违。（同上）

墨家薄葬右鬼，道乖相反。……以一况百，而墨家为法，皆若此类也。废而不传，盖有以也。（《论衡·案书篇》）

充此论，不从主义上批评，专从方法上批评，所言极有价值。墨家论事理，最重证验，是他的特长。然证验仅恃众人耳目之实，有时或与真理适得其反。“议不以心而原物”，墨学的长处在此，短处也在此。又：论理学是墨学成立一种利器，但墨家对此学之应用，却往往不能圆满。充所指摘薄葬与明鬼矛盾一节，在墨家因有辞以辩解，因墨家所尊之鬼，必其生前主张节用者，则死而薄葬之，鬼必不怒。然以常识论之，已觉矛盾。此外如既主张平等主义，又说“尚同而不下比”；既主张乐利主义，又要非乐；既提倡宗教思想，却不言他界来生，这都是矛盾地方。充以此为墨术不传之原因，确为正论。

古今论墨子最好的，莫如《庄子·天下篇》，今全录其文，以当结论：

不侈于后世，不靡于万物，不晖于数度，以绳墨自矫而备世之急。古之道术有在于是者，墨翟、禽滑釐闻其风而说之。为之太过，已之大顺。作为《非乐》，命之曰《节用》。生不歌，死无服。墨子泛爱兼利而非斗，其道不怒，又好学而博不异，不与先王同，毁古之礼乐。黄帝有《咸池》，尧有《大章》，舜有《大韶》，禹有《大夏》，汤有《大濩》，文王有辟雍之乐，武王周公作《武》。古之丧礼，贵贱有仪，上下有等。天子棺椁七重，诸侯五重，大夫三重，士再重。今墨子独生不歌，死无服，桐棺三寸而无椁，以为法式。以此教人，恐不爱人；以此自行，固不爱己。未败墨子道。虽然，歌而非歌，哭而非哭，乐而非乐，是果类乎？其生也勤，其死也薄，其道大觳。使人忧，使人悲，其行难为也。恐其不可以为圣人之道，反天下之心，天下不堪。墨子虽能独任，奈天下何！离于天下，其去王也远矣！墨子称道曰："昔禹之湮洪水决江河而通四夷九州也，名川三百，支川三千，小者无数。禹亲自操橐耜而九杂天下之川。腓无胈，胫无毛，沐甚雨，栉疾风，置万国。禹，大圣也，而形劳天下也如此。"使后世之墨者，多以裘褐为衣，以跂蹻为服，日夜不休，以自苦为极，曰："不能如此，非禹之道也，不足谓墨。”相里勤之弟子，五侯之徒，南方之墨者，苦获、已齿、邓陵子之属，俱诵《墨经》，而倍谲不同，相谓“别墨”。以坚白同异之辩相訾，以觭偶不仵之辞相应，以巨子为圣人，皆愿为之尸，冀得为其后世，至今不决。墨翟、禽滑釐之意则是，其行则非也。将使后世之墨者，必自苦以腓无胈，胫无毛，相进而已矣。乱之上也，治之下也。虽然，墨子真天下之好也，将求之不得也，虽枯槁不舍也。才士也夫!

第四编　老孔墨以后学派概观

当时思想界，大体可分为南北。孔墨皆北派，虽所言条理多相反，然皆重现世，贵实行。老庄产地，对邹鲁言之，可称为南人，其学贵出世尊理想，则南派之特色也。

第一节　总论

古代学术，老、孔、墨三圣集其大成。言夫理想，老子近唯心，墨子近唯物，孔子则其折衷也。言夫作用，老子任自然，墨子尊人为，孔子则其折衷也。三圣以后，百家竞作，各有其独到之处，观其一节，时或视三圣所造为深，然思想渊源，盖罔不导自三圣。

以流派论诸子，起于汉人，前此无有也。《庄子·天下篇》《荀子·非十二子篇》《天论篇》《解蔽篇》《尸子·广泽篇》《吕氏春秋·不二篇》《淮南子·要略》，皆胪列诸家主义学说，比较评骘，而未尝冠以流派之名。至司马谈始标儒墨名法阴阳道德之六家，而刘氏向歆父子，更析为儒、道、阴阳、法、名、墨、纵横、杂、农、小说之十家，命为九流。后之言学派者多宗焉。夫对于复杂现象而求其类别，实学术界自然之要求。马刘之以流派论诸子，不可谓非研究进步之征也。虽然，分类之业，本已至难，而以施诸学派则尤甚。盖前此一大师之兴，全思想界皆受其影响，不必其直传之弟子而始然也。后此一大师之兴，虽渊源有所自承，而其学说内容，决不尽同于其师，苟尽同焉，则不能自成一家矣。故谓后此学派与三圣有渊源则可，谓其为三圣所包含则不可；谓某派与某圣因缘较深则可，谓某派为某圣之支与流裔而截然与他圣无关则不可。今为讲演便利起见，仍以三圣为纲，述其流传之绪以观其变焉。

第二节　老子所衍生之学派

老学之正统派，或当推关尹、列御寇，惜其著述今皆不传，仅从《庄子》中见其崖略。其后蜕变衍生者，有极端个人享乐主义之杨朱一派，有出世间法之庄周一派，有自然断灭主义之彭蒙、田骈、慎到一派。

一、关尹　列御寇

《史记》称老子五千言乃应关尹之请而作，《庄子·天下篇》以关尹与老聃并称，则尹与老子因缘极深可想见。《汉志》道家有《关尹子》九篇，今佚。诸子中引尹言不少，而最切要者莫如《天下篇》，谓："以空虚不毁万物为实。"又曰："在己无居，形物自著，其动若水，其静若镜，其应若响。""空虚不毁万物为实"一语，与大乘佛教之宇宙观若合符契，所谓即空即有也。惟其如此，故能无居而物自著，故能动若水而静若镜。读此数句，则后此大乘佛教何以能盛行于中国，其消息可窥一斑。

列御寇，郑人，年代稍后于老子，尝与关尹问答。（见《庄子·达生篇》《吕氏春秋·审己篇》）今传《列子》八篇，乃晋张湛伪撰，不可信。乃或并列子其人曾否存在而疑之，则太过矣。《尸子·广泽篇》《吕氏春秋·不二篇》并云："列子贵虚。"《庄子·应帝王篇》云：列子"三年不出，为其妻爨，食豕如食人，于事无与亲，雕琢复朴，块然独以形立。……无为谋府，无为事任，无为知主。……尽其所受乎天而无见得，亦虚而已矣。"其用力处颇有印度之瑜伽宗，其所证之深浅则不可知，要之闻老子之教，而实地从事于修证者也。

二、杨朱

孟子称"杨朱墨翟之言盈天下，天下之言不归杨则归墨"。庄子亦屡以杨墨并称，（《庄子·徐无鬼篇》称"儒墨杨秉四与夫子而为五"，"秉"是何宗派竟无可考，亦古代学术史一憾事也）则杨朱为当时一伟大之学派，自无待言。然既无著述传世，即《荀子·非十二子篇》《庄子·天下篇》遍论诸派，亦不之及。仅从《孟子》书中知其标"为我"为宗旨，《吕氏春秋·不二篇》有“阳生贵己”一语，似即指此人，共他各书则无征焉。犹幸伪《列子》中有《杨朱篇》，似从古书专篇采集以充帙者，因此此一派之面目，略可窥见。

庄子两记阳子居事，或云子居即朱，果尔，则朱乃老子弟子也，（《杨朱篇》又载朱与禽滑釐问答，滑釐先事子夏后事墨子，若杨朱即阳子，居似与禽子年代不相及）今不必深考。但通观《杨朱篇》全文，则其根本观念，导源于老子，不可诬也。且老孔墨三圣，在当时思想界三分天下，何以孟子不言距老墨而言距杨墨？可知当时老学实以杨朱一派为最盛，孟子之距杨，即所以距老也。

吾幼读《孟子》，窃疑杨朱所标“拔一毛而利天下不为”之主义，何足以成一宗派？及读《杨朱篇》，乃知彼固自有其持之有故言之成理者存，今请述其概。

> 杨朱曰：……身非我有也，既生不得不全之；物非我有也，既有不得去之。……虽全生身，不可有其身；虽不去物，不可有其物。有其物，有其身，则横私天下之身，横私天下之物。……

据此可见杨朱之所谓“为我”实与浅薄之自私自利观念不

同，吾得名之曰“无我的为我主义”。

既已无我，何故复为我？杨朱之言曰：

> 知生之暂来，知死之暂往，故从心而动，不违自然，所好当身之娱，非所去也，故不为名所动。从性而游，不逆万物，所好死后之名，非所取也，故不为刑所及。名誉先后，年命多少，非所量也。

杨朱以为苟有我之见存，则为我固为大愚；苟无我之见存，则亦何必不为我？“从心而动不违自然”八字，正是杨朱学说之主脑。彼之人生观，以返于自然状态为究竟目的，故曰：“智之所贵，存我为贵。”在自然状态之下，不加一毫修饰，则当前涌现者必为“存我”观念，固其所耳。（荀子主张“化性起伪说”，故曰：“其善者伪也。”伪是“人为”，凡伦理学上所谓善皆由“人为”生，如损己利物之类是也。杨朱根本不承认“人为”。）

杨朱既言“生暂来死暂往”，则似对于暂而有久者存，对于来往而有不来往者存。（参见《楞严经》卷二亭主之喻）然而杨朱不尔，其言曰：

万物所异者生也，所同者死也。生则有贤愚贵贱，是所异也；死则有臭腐消灭，是所同也。虽然，贤愚贵贱，非所能也；臭腐消灭，亦非所能也。……十年亦死，百年亦死，仁圣亦死，凶愚亦死。生则尧舜，死则腐骨；生则桀纣，死则腐骨；腐骨一矣，孰知其异?

此种极端的断灭论，在印度欧洲哲学界中，说得如此赤裸裸的，亦属罕见。中国诸家哲学，皆堕佛教所谓断见（即死后断灭之说），然在伦理学上尚有一义以济其穷，则子孙观念是也。（如《易传》所谓积善之家必有余庆，积不善之家必有余殃）杨朱则并此而破之，其言曰：

人而已矣，何以名为？……曰：为死。既死矣，奚为焉？曰：为子孙名。奚益于子孙?

故杨朱之人生观，可谓彻底的断灭主义，将人生数十年，截头截尾，来无所从，去无所宿；外无所系，内无所主；前无所承，后无所遗。既已如此，则其结论必归于个人现世之快乐主义，固其所也。故杨朱曰：

百年，寿之大齐，得百年者千无一焉。设有一者，孩抱以逮昏老，几居其半矣；夜眠之所弭，昼觉之所遗，又几居其半矣；痛疾哀苦，亡失忧惧，又几居其半矣。量十数年之中，逌然而自得，亡介焉之虑者，亦亡一时之中乐；则人之生也，奚为哉？奚乐哉？为美厚耳，为声色耳。而美厚复不可常厌足，声色不可常玩闻。乃复为刑赏之所禁劝，名法之所进退；……重囚累梏，何以异哉？

又曰：

恣耳之所欲听，恣目之所欲视，恣鼻之所欲向，恣口之所欲言，恣体之所欲安，恣意之所欲行。

此等论调，与孔墨二家及其他之老氏后学，皆立于正反对地位。孔子告颜渊以“四勿”，墨子以自苦为极，关尹、列子、慎到一派皆宗老子“为道日损”之训。虽其所志之鹄不同，然其以节性克己为手段则一也。杨朱则对于此种主义，为正面的攻击，根本的解放。若以例欧洲古代，则诸家其希伯来主义，杨朱其希腊主义也。例彼近世，则诸家其宗教改革方面的精神，杨朱其文艺复兴方面的精神也。要而论之，不以“灵”的理性，检制“肉”的情感，此杨朱哲学之最大特色也。此种哲学，在社会上之利害如何，此为别问题，然在思想自由解放之时代，必有此一派以为之点缀。此中外学史上当然之现象，而在我国古代，则杨朱其代表也。

常人既恣肉体之享乐，则于有生常起沾恋，杨朱又不然。

> 孟孙阳问杨子曰：“有人于此，贵生爱身以蕲不死，可乎？”曰：“理无不死。”“以蕲久生，可乎？”曰：“理无久生，且久生奚为？五情好恶，古犹今也；四体安危，古犹今也；世事苦乐，古犹今也。……既闻之矣，既见之矣，既更之矣，百年犹厌其多，而况久生之苦也乎？”孟孙阳曰：“若然，速亡愈于久生，则践锋刃，入汤火，得所志矣。”杨子曰：“不然，既生则废而任之，究其欲以俟于死。……何遽迟速于其间乎？”

此种见解，人或目为厌世主义，实亦不然。彼盖别具一种人生观，吾无以名之，名之曰“赤条条的”而已。

杨朱尝为寓言，表示其理想的人格，如下：

> 卫端木叔者，子贡之世也。借其先资，家累万金。不

治世故，放意所好。其生民之所欲为，人意所欲玩者，无不为也。……及其游也，虽山川阻险，途径修远，无不必之……宾客在庭者日百住，庖厨之下，不绝烟火，堂厅之上，不绝声乐。奉养之余，先散之宗族，次散之邑里，乃散之一国。行年六十，气干将衰，弃其家事，都散其库藏珍宝车服妾媵，一年之中尽焉。及其病也，无药石之储；及其死也，无瘗埋之资。……

杨朱评之，谓“其所为也，众意所惊，而诚理所取”。其所谓纵情欲者，谓必如是乃为彻底也。

杨朱以此种人生观施诸社会，则其结论如下：

损一毫，利天下，不与也；悉天下，奉一身，不取也。人人不损一毫，人人不利天下，天下治矣。

此其义与伊尹之“一介不与人，一介不以取诸人”亦无甚差别，不过极端论易骇俗耳。孟子遽谓其“无君”，拟诸禽兽，殆未免太过。

杨朱根本观念，既在“从心而动不违自然”，则其从老子之学一转手，渊源甚明。但老氏门下如慎到一派，修证太苦；如庄周一派，理想太玄；独杨朱全以顺应人类低级之本能为教，又值其时社会混乱，一般浅薄之厌世观甚盛，闻其风而悦之者自众，故其言能盈天下也。

后世墨学虽绝，杨学却不衰。在文学中最表现此种精神，如“生年不满百，常怀千岁忧。昼短苦夜长，何不秉烛游？为乐当及时，谁能待来兹？”如“高堂明镜悲白发，朝如青丝暮如雪。人生得意须尽欢，莫使金尊空对月。”诸如此类，彻头彻尾，皆杨朱思想。而二千年来之文学，则皆此思想为之根核也。夫此种极端的现世主义肉欲主义断灭主义，其损害社会之健康，自无待言。然在此种主义之下，往往产生“畸人”，超群拔伦之文学家美术家，常有带此色彩者，此又当恶而知其美也。

三、庄子

昔托尔斯泰因感于“人生无意义”，几于自杀。其后得有宗教的慰仰、精神生活，因而复苏。杨朱一派，盖对于人生无意义之一语，有痛切之感觉；而此种感觉之结果，则归于断灭自恣，校其实，则与自杀无以异也。庄子则从无意义中求出意义，谋人生心物两方面之调和，故其结论与杨朱派截然殊途，而为后此大乘佛教之先河焉。庄子学说之精神，《天下篇》自述而自批评之。其言曰：

> 芴漠无形，变化无常，死与生与，天地并与，神明往与。芒乎何之？忽乎何适？万物毕罗，莫足与归。古之道术有在于是者，庄周闻其风而说之。……独与天地精神往来，而不敖倪于万物，不谴是非，以与世俗处。……彼其充实不可以已，上与造物者游，而下与外死生无终始者为友。……虽然，其应于化而解于物也，其理不竭，其来不蜕，芒乎昧乎，未之尽者。

人生之苦痛，皆从生活状态之矛盾而来。肉感与灵感交战，陷于人格分裂，苦莫甚焉。假使人类而能如禽兽，除饮食男女以外，无所寄其情志，虽在此范围中，矛盾已不少，苦痛已甚多。但其苦究为单调的，旋起旋落，可以自支；无奈人类有其固有之灵性，此一点灵性，对于吾侪之肉的生活，常取批评的态度（其批评程度之高下浅深各不同，但无论何人皆有之），于是种种悔恨悲哀恐怖皆由此而起。而吾侪因此乃生一种向上的推求，知现实境界之外，确别有“真我”存在，而此真我即为吾侪最后安慰之所。于是有谓此真我完全与现实境界为二物，必脱离现境，始能与之相应者，则印度多数外道及小乘佛教所说是也。有谓此真我与现境非一非异，吾侪可以不舍离现境而与此真我契合者，则大乘佛教所说是也。而庄子之学则近于大乘者也，所谓“独与天地精神往来”、所谓“充实不可以已，上与造物者游，而下与外死生无终始者为友”，皆言契合真我之义。所谓“不傲倪于万物，不谴是非以与世俗处”、所谓“应于化而解于物也，其理不竭”，皆言不舍离现境之义。《天下篇》又言“内圣外王之道，暗而不明，郁而不发”。庄子著书之意，将以明其暗而发其郁，契合真我者，内圣也。不离现境者，外王也。明此纲领，可以读《庄子》。

《庄子》，《汉志》五十二篇，今存三十三篇；内篇七，外篇十五，杂篇十一。其外篇之《骈拇》《马蹄》，杂篇之《让王》《盗跖》《说剑》《渔父》诸篇，文体皆不类，前人多疑为伪窜。自余外杂诸篇，或亦非尽出庄子手，其最精粹者，则《秋水》《山木》《知北游》《庚桑楚》《徐无鬼》《则阳》《寓言》诸篇。其最末之《天下篇》，则全书自叙，评骘一代学术，语语精绝，古籍中第一瑰宝矣。而总摄庄学之全体大用者，尤在内篇七篇。今标挈其纲领如下：

（一）《逍遥游》常人执著现实境界，终身役役，向此间讨生活，卒为矛盾状态所缚扰，不能自拔。故庄子首破其迷，其言鲲鹏之与蜩鸒与野马尘埃之生物，言朝菌蟪蛄之与冥灵大椿，其小大殊量至于此极。吾侪人类在无穷之宇宙间，占一极么么之位置，经一极短促之年寿，而弊弊然恖懑于其间，可谓大愚。全篇关键，在“小知不及大知，小年不及大年”二语。教人勿以小障大，但又非于常识所谓大小者生比较；故又以“至人无己，圣人无名”二语，微示真我之端倪，使人向上寻求。

（二）《齐物论》此篇从消极方面诠释真我之体相。篇首南郭子綦所谓“吾丧我”即丧其幻我，即前篇所谓“无己”，幻我可丧则必有真我明矣。然此真我非感觉所能见，非名相所能形容，全立于知识系统以外。当时墨学别派名家者流如惠施辈亦刻意欲解决此问题，然皆以知识之方式求之，庄子以为大误。故“齐物”之论，谓当离却万有的别相，即能得其共相。全篇主眼，在“天地与我并生，而万物与我为一”二语。此篇所论，颇似佛教之法相宗，检阅名相以颇名相也。

（三）《养生主》此篇略言契合真我之境界。如庖丁解牛之喻，所谓“以神遇不以目视”，能契合此真我，则虽在世间，而得大自在。全篇主眼，在“安时而处顺，则哀乐不能入也”二语。

（四）《人间世》此篇极言真理与世谛不相妨碍。《田子方篇》云："中国之君子明乎礼义而陋于知人心。"本篇所言，穷极人类心理状态之微，乃言人世顺应之法与夫利物善导之方，其所以能得此智慧者，则在"虚而待物"。全篇主眼，在"人皆知有用之用，而莫知无用之用也"二语。

（五）《德充符》此篇言须有所捐弃乃有所自得。所述王骀、申徒嘉、哀骀它等人，皆形骸残缺而得道者，凡以证明真我之在形骸外也。故曰："德有所长而形有所忘。"又曰："有人之形，无人之情。"其全篇主眼，在"以死生为一条，以可不可为一贯，解其桎梏"三语。质言之，即教人对于自己之肉体而力求解放也。

（六）《大宗师》此篇言参透一切平等之理者，必不厌世。故曰："若人之形者，万化而未始有极也，其为乐可胜计耶？"有我之见存，众苦斯生；无我之见存，则安往而不得乐？故佛说："不畏生死，不爱涅槃。"以有涅槃之心，即有所沾恋也；庄子纯是"行菩萨行"之人。故虽五浊恶世，亦以常住为乐。篇中主眼，在"其一也一，其不一也一，其一与天为徒，其不一与人为徒"数语。其人世应而不与俗化者，则在"知人之所为者，以其知之所知以养其知之所不知"数语。

（七）《应帝王》此篇排斥政治上之干涉主义，言万事宜听人民之自由处置，故以浑沌凿窍为喻。全篇主眼，在"顺物自然而无容私焉而天下治矣”一语。

此不过略举梗概。其实全书多互相发明，并非每篇专明一义。要之，此七篇为全书纲领，其外篇杂篇，则皆委细证成斯理而已。治庄学者，先悬解此七篇，则读他篇庶乎无阂也。

《逍遥游篇》云：“至人无己。”《在宥篇》云：“大同而无己。”无己即孔佛所言无我也，此一语可谓庄子全书关键。夫“我”若本有，则虽欲无之亦安可得？既云无我，则证知此无我者为谁，此讨论我相有无者当前立起之问题也。故从前法国以怀疑名家之大哲学家笛卡儿，对于宇宙万物悉皆怀疑，而谓独有一物不容疑者曰“我”。其名言曰：“我思故我存。”（I think，therefore I am）至今欧洲学者犹宗道之。若是乎？无我之义之难成立也。庄子乃对此问题而展转推求之，曰：

> 非彼无我，非我无所取。是亦近矣，而不知其所为使。若有真宰，而特不得其朕。可行已信而不见其形，有情而无形。百骸九窍六藏，赅而存焉。吾谁与为亲？女皆说之乎？其有私焉？如是皆有为臣妾乎？其臣妾不足以相治乎？其递相为君臣乎？其有真君存焉？……（《齐物论》）

庄子意若曰："我"之名何自生耶？对"彼"而自命耳；无"彼"则"我"之名亦不立。故"非彼无我"。若是，则似先有彼而后有我，然若竟无我，则知有"彼"者为谁，故"非我无所取"。若是，又似先有我而后有彼，彼我互为因果，结局归于两空，两空近之矣。然果属顽空，则彼我二觉缘何而起？故曰："不知其所为使。"由是以思，则知从前所认之我相，不过"假主宰者"耳，其必有"真主宰者"存焉，特不能得其朕兆，故曰："若有真宰，而特不得其朕。"从前所认我相，宛然在前，一若"可行已信"。然此相究竟作何形态，终不可见，则"有情而无形"也。若强求其形，则惟"百骸九窍六藏"之属"赅而存焉"耳。此诸体者孰为真我？若俱是我耶？（"女皆说之乎"）则"我"体分裂，若一是我而余非我耶？（"其有私焉"）则曷为部分之感觉通于全体？若云百骸之属，不过"臣妾"。然则以何者为君？若指心指脑为君，心脑同是筋肉构成，何以独能调御诸体？若谓无君，则"臣妾不足相治"。则如单细胞物及植物，并无心脑，何以能发育？若谓百体"递相为君臣"，则耳应时或能视，目应时或能听，何故不尔？因此悟知常识之所谓我相，决非真我，非真我故等于无我，"其必别有真君（真我）存焉”。然则所谓“真我”者究何物耶？庄子曰：

> 天地与我并生，而万物与我为一。既已为一矣，且得有言乎？既已谓之一矣，且得无言乎？（《齐物论》）

此真我者，离言说相，离名字相，本不应以言语形容之，特既借一义为众生说法，则不得无言耳。“天地与我并生”，则无时际差别；“万物与我为一”，则无时际差别，此二语即“真我”实相。若欲灼见，当由自证；若灼见真性，则并天地万物等名，亦不容立。但以浅谛解释，亦殊易明。试问我身是否为数十种原质所合成？此诸种原质，是否与天地始生同时存在？若云未始有生，则我与天地俱不生；若云有生，则天地与我并生明矣。“万物与我为一”之义，他篇更有至言，足相发明。曰：

> 万物皆种也，以不同形相禅，始卒若环，莫得其伦，是谓天均。（《寓言》）

此有二义。就精魂方面论，有情之属，舍生趋生，“人死为羊，羊死为人”。（《楞严经》语）鲧化黄熊，缓作秋柏，业种所缚，亦趣升沉，虽复殊形，实相禅也。就形态方面论，其一，若果蓏之核，易形嬗传前卉之精，衍为后卉。至于动物，其例益明，应化遗传，代代相嬗。我辈七尺躯中，不惟含有父母遗血，乃至其情性之一部分，我实受而继之。而父母各有其父母，父母之父母，又各有其父母，如是递推，则伏羲轩辕之精血性情，至今固犹有一部分宿于吾躬，宁得谓羲轩已死已灭耶？不过“以不同形相禅”耳。不宁惟是，吾侪之材质性情，实举无始以来各种动物所有者而具备之。自单细胞类至高等乳哺类，其种色皆有一部分为我所受。人与珊瑚，相去级数不可计矣，实则原种不殊，仅“以不同形相禅”耳。其二，人食众生肉，其肉旋化人体，众生中如虎豹蚊虻之甘人肉者亦然，乃至食蔬谷果蓏之属亦然。此诸肉及果实等，皆由细胞合成，细胞皆各有其生命，此诸生命递死递生，更相为种，皆“以不同形相禅”耳。故曰：“始卒若环，莫得其伦。”此但就知识所能及之粗迹论之，而“万物与我为一”之理，已可见其朕兆，何以不感觉其与我为一？则分别心为之障耳，故庄子述仲尼之言，曰：“自其异者视之，肝胆楚越也。自其同者视之，万物皆一也。”（《德充符》）

吾释此文，引印度教义及近世科学为证，虽自信非附会（因事理本自无碍，故以俗谛释真谛，不为附会），然庄子所教人体验“真我”之实相，实不在此。盖真我之为物，惟用直觉亲证，乃可得见。一用理智的剖析、言说的诠议，即已落对待而非其本相，故曰：“既已为一，且得有言乎？”言不当有言也。但“既已谓之一，且得无言乎？”则为教化众生起见于无言中强为言耳，故《知北游篇》云：

知北游于玄水之上，而适遭无为谓焉。知谓无为谓曰：“予欲有问乎若，何思何虑则知道？何处何服则安道？何从何道则得道？”三问而无为谓不答也，非不答，不知答也。知不得问，反于白水之南面睹狂屈焉。知以之言也问乎狂屈。狂屈曰：“唉！予知之，将语若。”中欲言而忘其所欲言。知不得问，反于帝宫，见黄帝而问焉。黄帝曰：“无思无虑始知道，无处无服始安道，无道无从始得道。”知问黄帝曰：“我与若知之，彼与彼不知也。其孰是耶？”黄帝曰：“彼无为谓真是也，狂屈似之，我与汝终不近也。”夫知者不言，言者不知，故圣人行不言之教。

此一段话，与后世禅宗之作用极相似。不解者以为掉弄虚机，故作玄谈，其实此事亦至寻常。例如人有痛楚，其痛相何若？只能自喻而不能以喻诸人。热爱笃敬深忧奇惭之存于内者亦然。乃至饮水之冷暖自知，视色之妍媸入感，皆各自受用而不与众共者也。此其事皆在觉在证，而知识乃退居于位。夫部分之情感且然，而况于宇宙之大理乎？要之，知情志三良能备于我躬，各自为用，情感意志之所有事，非理知所能任，亦犹理知之所有事，非情感意志之所能任。而或者过信理知万能，谓天下事理皆可以分析综合推验尽之，外是者则大诟而不之信，此其所以为蔽也。故庄子曰："闻以有知知者矣，未闻以无知知者也。"（《人间世》）又曰："弗知乃知乎？知乃不知乎？"（《知北游》）又曰："夫精粗者期于有形者也，无形者数之所不能分也，不可围者数之所不能穷也。可以言论者，物之粗也。可以意致者，物之精也。言之所不能论，意之所不能察致者，则不期精粗焉。"（《秋水》）此皆言情志之事非知所能任也。

凡同理知必尊因果律，而庄子以为因果律不足恃。其言曰：

> 夫知必有所待而后当，其所待者特未定也。（《大宗师》）

又曰：

吾所待而然者耶？吾所待又有待而然者耶？（《齐物论》）

章炳麟引近譬以明庄子破因果律之论据，曰：“如有人言，身中细胞皆动，问细胞何故动，即云：万物皆动，细胞是万物中一分，故细胞动。问万物何故皆动，即云：皆含动力故动。问动力何故动，即云：动力自然动。自尔语尽，无可复诘。且本所以问细胞何故动者，岂欲知其自然动耶？今追寻至竟，以自然动为究极，是则动之依据，还即在动，非有因也。”（《齐物论》释廿三）当时惠施一派用名学的推理式欲遵因果律以解决宇宙原理。《天下篇》称：“黄缭问天地不坠不陷风雨雷霆之故，惠施不辞而应不虑而对。”此“故”字即《墨经》所谓“所得而后成”之“故”也。庄子以为“所得而后成”者，又有其所得而后成，如是因因相待，还等无因。故又云：

有先天地生者物耶？物物者非物，物出不得先物也，犹有其物也。犹有其物也无已。（《知北游》）

《大乘入楞伽经》云："外道说：'因不从缘生而有所生。'果待于因，因复待因，如是展转，成无穷过。"凡拘守因果律者，欲穷极至"第一因"终不可得，毕竟还以循环论理释之，庄子以为此徒劳也。故曰：

> 道行之而成，物谓之而然。恶乎然，然于然。恶乎不然，不然于不然。（《齐物论》）

如《墨经》所云："大故有之必然。"又云："此然彼必然则俱。"凡此皆归纳论理学所用之利器也。及再问何故有之必然，何故此然彼必然，展转穷推，其结论亦仅至"然于然"而止。此义者，佛典谓之"法尔"，庄子谓之"自然"。《齐物论》又云："夫吹万不同，而使其自己也。"（郭注云，自己而然）此义视老子所谓"有物混成先天地生"者，进一解矣。

然则万有之樊然异相者，果何自建立耶？庄子曰：

> 物物者与物无际，而物有际者，所谓物际者也。不际之际，际之不际者也。（《知北游》）

此数语非以佛教唯识宗之教理不能说明之。《摄大乘论·无性》释云：“于一识中，有相有见二分俱转，相见二分，不即不离，所取分名相，能取分名见。于一识中，一分变异似所取相，一分变异似能取相。”章炳麟引以解本书云：“物即相分，物物者谓形成此相分者，即是见分，相见二分不即不离。是名物物者与物无际，而彼相分自现方圆边角，是名物有际，见分上之相分，本无方隅，而现有方隅，是名不际之际，即此相分方隅之界如是实无，是名际之不际。”（《齐物论》释七）章氏此释，深契庄旨。诸君曾读罗素讲演者，应记其第一次所讲心之分析，对于桌子有无问题，广征异说，如庄子说如“唯识家”说，则桌子可谓之无，何以故？以物质本无客观的存在故。亦可谓之有，何以故？识有则桌子有故。此其义与欧西之唯心派似同实异，非今日短讲所能详论也。

即此可以证成“道行之而成，物谓之而然”之理，所谓“道”，所谓“物”，非皆有其自性，皆由人类分别计度所构成耳。尔乃于“万物一体”中强生分别，画其部分，指之为我，则我身我家我国种种名相起焉；名相起而爱憎取舍行于其间，既有“我见”则有“我慢”，于是“是非”之论蜂作矣。庄子以为天下无绝对的真是非，是非之名，不过由众生“同业共见”（语出《楞严》）相率假立耳。故曰：

道隐于小成，言隐于荣华。故有儒墨之是非，以是其所是而非其所非。……彼亦一是非，此亦一是非，果且有彼是乎哉？果且无彼是乎哉？（《齐物论》）

又曰：

庸讵知吾所谓知之非不知耶？庸讵知吾所谓不知之非知耶？……民湿寝则腰疾偏死，鳅然乎哉？木处则惴慄恂惧，猿猴然乎哉？三者孰知正处？民食刍豢，麋鹿食荐，蝍且甘带，鸱鸦耆鼠，四者孰知正味？猿猵狙以为雌，麋与鹿交，鳅与鱼游。毛嫱丽姬，人之所美也，鱼见之深入，鸟见之高飞，麋鹿见之决骤。四者孰知天下之正色哉？自我观之，仁义之端，是非之途，樊然淆乱，吾安能知其辩？（《齐物论》）

此皆证明“是非”之名，乃相对而非绝对的。夫吾人谓冰必寒火必热，自以为真知矣真是矣，然款冬即生于冰，火鼠即生于火，彼固谓冰不寒火不热也。吾果为知耶是耶？彼果为不知耶非耶？论物之属性，既若此矣，拟以名言，抑更甚焉？谓吾人所谓红即英人所谓Red是耶非耶？吾人眼根构造，未必与英人吻合，何以见彼辈视红认为Red者，非吾人所谓紫耶绿耶。又如甲乙二人于此，皆曰此物长一寸。甲乙主观所感觉，果为同长否耶？庸讵知甲所谓一寸，不等于乙所谓一丈耶？若曰以甲乙公认之尺量之俱得一寸，庸讵知甲所视此尺之长，非当乙之一丈；乙所视此尺之长，非当甲之一寸耶？夫以至粗末之物质物形物态，其是非之难定犹若此。今而曰："如此斯为仁，如此斯为义"。欲持之以一同天下，其为危险，云胡可量。而众生我慢之见必各自是其所是而非其所非，则怨嫉争轧之所由起也，庄子深痛之。故曰：

> 名也者相札也，知也者争之器也。（《人间世》）

又曰：

> 大乱之本，必生于尧舜之间，其末存乎千世之后，千世之后，其必有人与人相食者也。（《庚桑楚》）

夫假美名以穷其恶者，以中国及欧洲之近事衡之，其证验既历历可睹。苟无此美名以为之护符，其稔恶或不至如是其甚也，不惟假名者为然耳。彼迷信而固执者，语其动机，或深可赞叹，而祸斯世或更甚。彼夫争教宗之异同，而搏战百年流血千万者，由庄子观之，是果何为也？抑凡所谓为某某主义而奋斗者，何莫皆此类也？凡此皆出于人类之“自己夸大性”，佛典谓之“我慢”。（国自慢，教宗自慢，主义自慢，乃至人类自慢，皆“我慢”之一种）庄子以为此种我慢，实社会争乱之源，故慨乎言之，谓“千世之后必人与人相食也”。欲破除此我慢性，故《秋水篇》云：

> 以道观之，物无贵贱；以物观之，自贵而相贱；以俗观之，贵贱不在己；以差观之，因其所大而大之，则万物莫不大；因其所小而小之，则万物莫不小；知天地之为稊米也，知毫末之为丘山也，则差数睹矣。以功观之，因其所有而有之，则万物莫不有；因其所无而无之，则万物莫不无；知东西之相反而不可以相无，则功分定矣。以趣观之，因其所然而然之，则万物莫不然；因其所非而非之，别万物莫不非；知尧桀之自然而相非，则趣操睹矣。

此言大小有无是非诸名相，皆从对待比较得来。以星云界视地球，则地球稊米也；以细胞生物视毫末，则毫末丘山也。无东何以名西？无尧之是何以有桀之非？虽相反而实相待也，然则执一自封者，其亦可以寤矣。

《秋水篇》全篇皆破我慢也，故言河伯“以天下之美尽在己”，北海若谓“乃知尔丑”。北海若之言曰：

> 吾在于天地之间，犹小石小木之在大山也。方存乎见少又奚以自多？计四海之在天地也，不似礨空之在大泽乎？计中国之在海内，不似稊米之在大仓乎？号物之数谓之万，人处一焉……此其比万物也，不似毫末之在于马体乎？五帝之所连，三王之所争，仁人之所忧，任士之所劳，尽此矣。

此对于“人类夸大狂”当头一棒之言也。既明此理，则自然可以无我，自然一切可以牺牲。故曰：

> 浸假而化予之左臂以为鸡，予因以求时夜；浸假而化予之右臂以为弹，予因以求鸮炙；浸假而化予之尻以为轮，以神为马，予因以乘之，岂更驾哉？（《大宗师》）

既参透此种无我境界，自然对于世界，无所欣厌，随所遇以事其事而已。故曰：

> 固有所不得已，行事之情而忘其身，何暇至于悦生而恶死？（《人间世》）

庄子之对于社会，非徒消极的顺应而已，彼实具一副救世热肠。其言曰：“哀莫大于心死，而人死亦次之。”（《田子方》）又曰：“终身役役而不见其成功，苶然疲役而不知其归，可不哀耶？人谓之不死奚益？其形化，其心与之然，不可谓大哀乎？人之生也，固若是芒乎？”（《齐物论》）彼盖见众生不明自性，甘没苦诲，深可怜愍。故出其所自证，翻广长舌，以觉群迷，此正所谓行菩萨行者，与孔墨殊途同归矣。

庄子全书，教人以修证途径者甚多，不能遍证引。诸君若有志学道，他日宜自求之，今但述其卑近之谈最可资青年修养者数条以作结论。庄子曰：

> 有人者累，见有于人者忧。（《山木》）

今日中国社会组织，可谓中分为“有人者”与“见有于人者”之两级。（例如父母有子，子见有于父母，夫有妻，妻见有于夫。）故非累则忧，必居其一，或则二者兼之。甫成年之学生如诸君者，真可以不有人不见有于人，宜乘此时切实修养以自固其基。且力求保持此种地位使较久，且悬此以为改造社会之鹄。庄子又曰：

其耆欲深者其天机浅。（《大宗师》）

庄子主张任运而动，本不教人以强制的节欲，但以为耆欲可以汩人灵性，故学者宜游心于高尚，勿贪肉体的享乐以降其人格。庄子又曰：

自事其心者，哀乐不易施乎前。（《人间世》）

庄子本一情感极强之人，而有更强之意志以为之节制，所谓能“自事其心”也。庄子曰：“有人之形，无人之情。”惠子曰：“既谓之人，恶得无情？”庄子曰：“是非吾所谓情也。吾所谓无情者，言人之不以好恶内伤其身。……”（《德充符》）在青年情感发育正盛之时，好恶内伤其身之患，最所易蹈；遇环境有剧变，每辄丧其所守，非平日修养十分致意不可。庄子则教人顺应之法，曰："得者时也，失者顺也；安时而处顺，则哀乐不能入也。"（《大宗师》）此则自事其心之最妙法门也。庄子又曰：

> 用志不纷，乃凝于神。（《达生》）

此条述孔子观痀偻丈人承蜩事，丈人之言，谓："虽天地之大，万物之多，而惟蜩翼之知，吾不反不侧，不以万物易蜩之翼，吾何为而不得？"此言人精神集中，则无事不可为，而行集中之事，不问其大小。要之足为吾修养之助。

以上四条，吾生平所常服膺者，今述以赠诸君。其于庄子之意果有当焉否，则非吾所敢知也。

四、慎到及彭蒙、田骈

慎到一派，亦出老子，其所得不如庄子之圆通。《庄子·天下篇》以彭蒙、田骈、慎到三人并称，且称蒙为骈之师；《荀子·非十二子篇》则以慎田二人并称。要之此三人学派必大略相同，且为当时大家无疑。

汉志有《慎子》四十二篇，《田子》二十五篇。《田子》

书今全亡，《慎子》书存若干条，后人辑为五篇。

《庄子·天下篇》云：

> 公而不当，易而无私，决然无主，趣物而不两，不顾于虑，不谋于知，于物无择，与之俱往。古之道术有在于是者，彭蒙、田骈、慎到闻其风而悦之。齐万物以为首，曰："天能覆之而不能载之，地能载之而不能覆之，大道能包之而不能辩之。"知万物皆有所可有所不可，故曰："选则不遍，教则不至，道则无遗者矣。"是故慎到弃知去己而缘不得已，泠汰于物以为道理，曰："知不知将薄知而后邻伤之者也。"谿髁无任，而笑天下之尚贤也；纵脱无行，而非天下之大圣。椎拍輐断，与物宛转，舍是与非，苟可以免。不师知虑，不知前后，魏然而已矣。推而后行，曳而后往，若飘风之还，若羽之旋，若磨石之隧，全而无非，动静无过，未尝有罪。是何故？夫无知之物，无建己之患，无用知之累，动静不离于理，是以终身无誉。故曰："至于若无知之物而已，无用贤圣，夫块不失道。"豪杰相与笑之曰："慎到之道，非生人之行，而至死人之理，适得怪焉。"田骈亦然，学于彭蒙，得不教焉。彭蒙之师曰："古之道人，至

于莫之是莫之非而已矣。”其风窢然，恶可而言？常反人不见观，而不免于魭断。其所谓道非道，而所言之韪，不免于非。彭蒙、田骈、慎到不知道。虽然，概乎皆尝有闻者也。

其言“齐万物以为首”，“知万物皆有所可有所不可”，皆颇契庄子齐物之旨，但彼辈有与庄子大不同处。庄子言“灵台能持”（《庚桑楚》），言“唯心集虚”（《人间世》），则心体绝非顽钝无知之物，人之所以能修能证，日以向上者皆恃此。慎到等之说，谓“至于若无知之物而已”，又曰“块不失道”，率天下而学土块，则是断灭宇宙耳。况乎宇宙固非吾侪之所得断灭？故豪杰笑之曰：“慎到之道，非生人之行，而至死人之理，适得怪焉。”言其徒怪而不能成理也。田骈学于彭蒙而得不教，亦颇似禅宗之不立语言文字，但其所证何若，则不敢知。据《天下篇》所说，颇类印度外道之栖岩禅坐动经百年者也。故庄子谓“不免于魭断”（似即断灭之意）而“其所谓道非道”也。《汉志》以慎子列法家，而今传慎子佚文亦确多近法家言。以极端断灭之慎到，曷为与专言世谛之法家有关系耶？举佚文以证《天下篇》，可以察其渊源，慎到主张“至于若无知之物”，其言无知之物所以可贵者，在于“无建己之患，无用知之累，动静不离于理”。以为凡有知之物，必有主观的作用行乎其间，而此主观未必能中理。此所谓建己之患而用知之累也。故慎子曰：

> 厝石使禹察之，不能识也，悬于权衡，则厘发识矣。（《意林》引）

又曰：

> 有权衡者不可欺以轻重，有尺寸者不可差以长短，有法度者不可巧以诈讹。（同上）

权衡尺寸，皆“无知之物”，惟其上知，所以能完其权轻重量长短之职。慎子以此理应用于政治上，故反对主观的人治主义，建设物观的法治主义。故曰：

> 君人者舍法而以身治，则诛赏予夺，从君心出。……君以心裁轻重，则同功殊赏，同罪殊罚矣。……分马之用策，分田之用钩，非以策钩为过于人智，所以走私塞怨也。（今本《君人篇》）

策钩皆无知之物，而其效时或过之智，正以其免“用知之累”也。今世国家，不恃有知之圣君贤相，而恃无知之数十条宪法，即是此理。慎子又曰：

> 民杂处而各有所能者不同，此民之情也。大君者大上也，兼畜下者也，下之所不能同，而皆上之用也。是以大君因民之能为资，尽包而畜之，无能取去焉，必执于方以求于人。故所求者无一足也，大君不择其下，故足。（今本《民杂篇》）

此与《天下篇》所言“万物皆有所可有所不可，选则不遍，道则无遗”，其义正同。慎子又曰：

> 君之智未必最贤于众也，以未最贤而欲善尽被下，则下不赡矣。若君之智最贤，以一君则尽赡下则劳，劳则倦，倦则衰，衰则复返于人，此不赡之道也。（今本《民杂篇》）

此最合于今世立宪国元首无责任之理，与墨子尚贤尚同主义正相反。

《荀子·非十二子篇》云：

> 尚法而无法，下修而好作，上则取听于上，下则取从于俗，终日言成文典，及紃察之，则倜然无所归宿，不可以经国定分。然而其持之有故，其言之成理，足以欺惑愚众，是慎到田骈也。

此专就任法一方面批评，荀子为主张人治礼治之人，故对于慎到之法治说，深所不满。至于慎到哲学上之根本观念，则荀子似未见及，盖荀子对于形而上学之理论，本不甚措意也。

慎到等之学，其出于老子甚明，老子称“法令滋彰，盗贼多有”。何故治其学者乃产生法家言耶？盖“无为而治”之学说，非归宿到任法不任人则不能贯彻。观慎到之论，则以法家巨子之韩非，而有《解老》《喻老》之篇，其故可思矣。

五、屈原

屈原在文学上之位置，独立千古，其文学之价值，非本书范围，今不具论。语其思想，则一大部分受老子之影响，端绪可得而窥也。

当时思想界，大体可分为南北。孔墨皆北派，虽所言条理多相反，然皆重现世，贵实行。老庄产地，对邹鲁言之，可称为南人，其学贵出世尊理想，则南派之特色也。楚人如老莱子南公之类，皆为道家言，有著述见于《汉志》。《论语》所载接舆丈人长沮桀溺等，皆孔子在楚所遇，则楚人思想，可见一斑。屈子则生育于此种思想空气之人也。屈子为极端厌世之人，结果乃至于自杀，此在思想家中，为绝无仅有之事。其自杀之原因，乃感于人生问题之不能解决，不堪其苦闷，彼自写其情感之勃郁不可抑。云：

> 纠思心以为纕兮，编愁苦以为膺。……怜思心之不可惩兮，证此言之不可聊。宁逝死而流亡兮，不忍为此之常愁。（《悲回风》）

盖其深刻之苦痛，自觉不能忍受，乃至以自杀息肩也。而所以致此苦痛之故，实由感人生之矛盾。《天问》一篇，列举数十事，呵壁而问天，皆表示其对于宇宙及人生有不可解之疑团。（《天问》前半为宇宙问题，后半为人生问题）《卜居》一篇，即对举两种矛盾之生活，而以不可解决为结论者也。《离骚篇》，历举女须灵氛巫咸等种种劝解讨论，皆表示于怀疑苦闷中求解决者也。屈子胸中之矛盾境界，有数语最足以表之。其言曰：

惟天地之无穷兮，哀人生之长勤。往者余弗及兮，来者吾不闻。（《远游》）

在理智短浅、情感钝弱之人，对于人生问题，毫无感觉，醉生梦死以度数十寒暑，固甚易易。若屈子一面既以其极莹彻之理性，感“天地之无穷”；一面又以其极热烈之感情，念“民生之长勤”，而于两者之间不得所以调和自处，故在苦闷乃不可状。屈子固饫闻老氏之教者，常欲向此中求自解放，《远游》一篇，最表现此理想。其言曰：

道可爱兮，不可传，其小无内兮，其大无垠。无滑而魂兮，彼将自然。一气孔神兮，于中夜存。虚以待之兮，无为之先。庶类以成兮，此德之门。闻至贵而遂徂兮，忽乎吾将行。……

又曰：

时仿佛以遥见兮，精皎皎以往来。绝氛埃而淑尤兮，终不反其故都。免众患而不惧兮，世莫知其所如。

又曰：

经营四荒兮，周流六漠。上至列缺兮，降望大壑，下峥嵘而无地兮，上寥廓而无天。视倏忽而无见兮，听惝恍而无闻。超无为以至清兮，与泰初而为邻。

此种思想，殆纯然与老庄一致。无奈屈子的情感，常沸到白热度，非此种玄理所能抑制。故《远游篇》虽强作尔许翛然自得之语，忽又云：

微霜降而下沦兮，悼芳草之先零。谁可与玩斯遗芳兮，晨向风而舒情。高阳邈以远兮，余将焉所程。

《离骚篇》末亦同此意，言“灵氛既告余以吉占兮，历吉日乎吾将行”。以下方极陈离尘玩世之乐，乃忽云：

陟升皇之赫戏兮，忽临睨夫旧乡。仆夫悲余马怀兮，蜷局顾而不行。

盖出世之念，转瞬间又为忧世之念所压消矣。然则用杨朱一派之说专求现世肉欲之享乐何如？屈子在《招魂篇》表此思想。（《招魂篇》，王逸谓宋玉作，当从司马迁说定为屈原作）此篇自“魂兮归来入修门些”以下，大陈声色田猎宫室玩好之乐。乃于最后结语，忽云：

皋兰被径兮斯路渐，湛湛江水兮上有枫。目望千里兮伤春心，魂兮归来哀江南。

盖语及国难，则觉一切无可以解忧矣。庄子云：“绝迹易，无行地难。”屈子自觉终不能不行地，故庄杨辈绝迹之论，终无以救济其苦痛也。

《离骚》云：

长太息以掩涕兮，哀民生之多艰。

此二语可谓屈子自道生平，其人格之可尊敬在此，其所以终于自杀亦在此。《离骚》又云：

人生各有所乐兮，余独好修以为常，虽体解吾犹未变兮，岂余心之可惩？

又云：

忳郁邑而侘傺兮，吾独穷困乎此时也。宁溘死以流亡兮，余不忍为此态也。

屈子盖痛心疾首于人类之堕落，自觉此种生活，一刻不能与之共，结果只有舍之而去，譬犹有洁癖之人不以死易洁也。屈子云：“吾令羲和弭节兮，望崦嵫而勿迫。路漫漫而修远兮，吾将上下而求索。”（《离骚》）盖始终冀觅得前途一线光明，乃愈觅而愈增其黑暗，彼写其状曰：

入溆浦余儃佪兮，迷不知吾所如。深林杳以冥冥兮，乃猿狖之所居。山峻高以蔽日兮，下幽晦以多雨。霰雪纷其无垠兮，云霏霏而承宇。哀吾生之无乐兮，幽独处乎山中。吾不能变心而从俗兮，固将愁苦而终穷。（《涉江》）

又曰：

> 采三秀兮于山间，石磊磊兮葛蔓蔓。怨公子兮怅忘归，君思我兮不得闲。山中人兮芳杜若，饮石泉兮荫松柏。君思我兮然疑作，雷填填兮雨冥冥，猿啾啾兮狖夜鸣。风飒飒兮木萧萧，思公子兮徒离忧。（《山鬼》）

此皆自写其所感黑暗之苦痛。质言之，则屈子盖对于世界而失恋者也。彼捧其万斛爱情以向世界，而竟不见答，无可奈何而以身殉之。屈子盖天下古今惟一之“情死者”也。

太史公评之曰：“濯淖污泥之中，蝉蜕于浊秽，以浮游尘埃之外，不获世之滋垢，皭然泥而不滓者也。推此志也，虽与日月争光可也。”此明屈子深有得于老氏之学，而其厌世思想，与庄子之乐天思想正殊途同归也。

第三节　孔子所衍生之学派

一、略论

孔学派别，韩非《显学篇》曾举八儒，惟孟荀以外，学说罕传，故异同靡得而校焉。征诸故书雅记，所衍应有五大派：其一，内业派。孔子晚年，颇受老学影响，其胜义之散见《论语》《易传》者，性与天道，略可得闻。传此业者，固当以颜回为首。回早卒，显学所称颜氏之儒，是否即汲其流，未敢断言。然孔门近此派者，犹得数人，《庄子·大宗师篇》言："子桑户（即《论语》记仲弓所问之子桑伯子）、孟子反（即《论语》所言孟之反不伐）、子琴张（亦见《孟子》）三人相与友，相与于无相与，相为于无相为。"三人似皆于孔门有渊源。孟子又言："琴张、曾皙、牧皮，孔子之所谓狂。"牧皮虽不见他书，若曾皙则"沂水春风"颇与颜回同一气象。孔子屡言："吾党之小子狂简。"曾皙辈之狂，子桑户辈之简，应皆孔子所常忆念，则此派在孔门势力不薄，可以想见。此派日渐发达，益以科学的心理研究，遂成为内业派。《汉书·艺文志》，儒家有《内业》十五篇，原注云：“不知作书者。”然今本《管子》第四十九篇，名曰《内业》，所言正儒家存养之学，与道家言大同而小异。（如所言“止怒莫若诗，去忧莫若乐，节乐莫若礼”皆儒家言）《管子》为战国人摭拾百家所造，此篇或即《内业》十五篇之一。（《管子·心术上》《心术下》《白心》三篇疑亦采自《内业篇》）《大学》言“知止定静”，《中庸》言“至诚尽性”，即属此派。至孟荀两家论性观心之说，而此派大成。其二，武侠派。孔门二大弟子曰颜渊子路，子路问强，孔子告以“至死不变强哉矫”。子路卒以身殉所职，是此派实为孔门直传，《显学篇》以漆雕氏列八儒之一。而漆雕氏之学，则“不肤挠，不目逃，行曲则违于臧获，行直则怒于诸侯”。孟子言北宫黝孟施舍之养勇，其术正与漆雕合，又言黝似子夏，舍似曾子，则其人或皆儒家者流欤。《汉志》儒家有《鲁仲连子》十四篇，《虞氏春秋》十五篇，鲁仲连虞卿言论行事，具见《史记》，皆任侠尚气一流。盖此派之末流，与墨家结合矣，即孟子之倔强，亦颇有此派气象。其三，经世派。孔子志在用世救民，其言治国平天下之条理甚详，此派在孔门独盛，固所当然。《汉志》儒家有《李克》七篇（原注云子夏弟子，为魏文侯相），而《史记·货殖传》称“李克作尽地力之教”，则孔门有经济学专家矣。此派学说，亦至孟荀而分途发达，各极其盛。其四，文献派。孔子所建设之新理想虽甚多，然又最重历史观念，所谓“夏时殷辂因革损益”三致意焉，故于已往之文献，常爱惜网罗，于是其门下在此派中又分二支派。甲派，将古代典章制度为比较的研究，二戴记诸篇，什九皆是也。乙派，则专从事于政治史，如左丘之作《国语》是也。前此两事皆王官专职。孔子以后，其业渐移于私家矣。其五，传注派。孔子既删述“六经”，传与其人，贤者识大，不贤识小，或述口说，或明故训，故汉世《诗》《礼》之传，溯源子夏。而商瞿之于《易》，公羊高之于《春秋》，皆以恪守师说为职志。而《尔雅》等名物训诂之书，似亦起于周末。合此数事，遂开后世经学之宗。其实此派在孔门，不过支与流裔而已。而此派之承先启后者，则似在荀卿也。以吾所见，孔学流别，不出此五大派。而综合而光大之，厥惟孟荀，故今独论孟荀焉。

二、孟子

孟子生于孔子卒后百余年。其时老墨之教皆盛行，殆与儒家三分天下；而法家阴阳家亦竞起，故孟子思想，受诸家影响颇多，卓然为儒家开一新面目焉。

《孟子》书，《汉书·艺文志》云十一篇，今本仅七篇，每篇复分为上下，相传更有外篇四篇。六朝唐人，尚颇引其佚文，但颇难信。此七篇者，司马迁谓孟子与其徒万章之徒所作，殆古书中最完善可信据者矣。

七篇中，《告子》《尽心》两篇，多属于内业派之学说；《梁惠王》《滕文公》《离娄》《万章》四篇，多属于经世派之学说；《公孙丑篇》则两者咸有，而全书精神，可以两语贯之，曰：

> 孟子道性善，言必称尧舜。（《滕文公上》）

“道性善”，孟子内业学说之根据也。“称尧舜”，孟子经世学说之根据也。

孔子言：“性相近也习相远也”，“惟上智与下愚不移”。其论性语甚浑括，未尝加以分析。孔门中内业派日趋发达，“性论”渐成为重要问题。《论衡·本性篇》称，“世硕以为人性有善有恶……善恶在所养”。又称“宓子贱漆雕开公孙尼子论性情，与世硕相出入”。数子皆儒学大家（《汉志》儒家有《漆雕子》十三篇，《宓子》十六篇，《世子》二十一篇，《公孙尼子》二十八篇），而其著书皆有论性之文，则当时之重视此问题可知。盖此问题者，为自己修养起见，为教育之理论及应用起见，所关皆甚重，故儒家认为极要。而孟子荀卿，乃至各以性之善恶为其学说之根本也。

孟子绝对的主张性善说，曰：

人性之善也，犹水之就下也，人无有不善，水无有不下。（《告子上》，下同）

孟子果根据何种论理以立此主张乎？第一，孟子深信人类本来平等，人类中既有至善之人，所以证知人性必善。其言曰：

故凡同类者举相似也，何独至于人而疑之？圣人与我同类者……口之于味也，有同耆焉；耳之于声也，有同听焉；目之于色也，有同美焉。至于心，独无所同然乎？（《告子上》）

第二，孟子以为人性中皆有善的根苗，所以证知为善。其言曰：

人皆有不忍人之心。……今人乍见孺子将入于井，皆有怵惕恻隐之心，非所以纳交于孺子之父母也，非所以要誉于乡党朋友也，非恶其声而然也。由是观之，无恻隐之心，非人也；无羞恶之心，非人也；无辞让之心，非人也；无是非之心，非人也。恻隐之心，仁之端也；羞恶之心，义之端也；辞让之心，礼之端也；是非之心，智之端也。（《公孙丑上》）

“端”即“造端乎夫妇”之端，如体质上之有原始精胞。孟子以为人性之善端，与有生俱来，故曰：“此天地之所以与我者。”又曰：“非由外铄我也，我固有之也。”（俱《告子上》）又曰：“人之所不虑而知者，其良知也；所不学而能者，其良能也。”（《尽心上》）

人之所不学而能不虑而知者，是否皆良？恻隐羞恶辞让是非诸善端，是否生而皆有？除此等善端外，其他恶端，是否为人性所无？此等问题，即孟子性善说能否成立之生死关键也。以吾所见，惟“见孺子入井而恻隐”与“孩提知爱其亲”两论证，确能圆满成立，其他则不敢言。然“爱”实万善之本，爱性既生而具，则性善说固已持之成理矣。

性善说创自孟子，当时诸家论性者，异说甚多，故公都子以为问，曰：

> 告子曰：“性无善无不善也。”或曰：“性可以为善可以为不善，是故文武兴则民好善，幽厉兴则民好暴。”或曰：“有性善，有性不善，是故以尧为君而有象，以瞽瞍为父而有舜。”……今曰性善，然则彼皆非与。（《告子上》，下同）

孟子绝对性善说，与公都子所引诸例，显不相容，孟子其何说之辞？孟子曰：

> 乃若其情，则可以为善矣，乃所谓善也，若夫为不善，非才之罪也。

孟子以为人类有善的可能性，故谓之善，此可能性之说，在学理上极有价值。盖必有此然后修养为可能，教育为可能也。若夫有为不善者，孟子以为不过受环境之恶影响使然。故曰：

> 富岁子弟多赖（阮元云赖同“懒”），凶岁子弟多

暴。非天之降才尔殊也，其所以陷溺其心者然也。今夫麰麦，播种而耰之，其地同，树之时又同，浡然而生，至于日至之时皆熟矣。虽有不同，则地有肥硗，雨露之养，人事之不齐也。

此言人类皆有善之可能性，犹麦种皆有熟之可能性。然而或懒或暴种种不善者，皆由环境使然（热带人多赖，寒带人多暴，亦同此理），孟子以为此陷溺作用之结果耳。恶环境既足以陷溺人，则以他力改善环境或以自力抵抗环境，皆足以恢复其本来之善。所谓他力改善环境者。孟子曰：

虽有天下易生之物也，一日暴之，十日寒之，未有能生者也。（《告子上》）

又曰：

有楚大夫于此，欲其子之齐语也。……一齐人傅之，众楚人咻之，虽日挞而求其楚，亦不可得也。（《滕文公上》）

所谓自力抵抗环境者，孟子曰：

牛山之木尝美矣。以其郊于大国也，斧斤伐之，可以为美乎？是其日夜之所息，雨露之所润，非无萌蘖之生焉。牛羊又从而牧之，是以若彼濯濯也，人见其濯濯也，以为未尝有材焉，是岂山之性也哉？虽存乎人者，岂无仁义之心哉？其所以放其良心者，亦犹斧斤之于木也。旦旦而伐之，可以为美乎？其日夜之所息，平旦之气，其好恶与人相近也者几希，则其旦昼之所为有梏亡之矣。梏之反覆，则其夜气不足以存，夜气不足以存，则其违禽兽不远矣。人见其禽兽也，而以为未尝有才焉者，是岂人之情也哉？（《告子上》）

由前之说，则当使人日日得所“暴”，常常在“庄岳之间”，此社会教育之所宜有事也。由后之说，则当严密自卫以求免“牛羊之牧”“旦昼之梏”，此个性教育之所宜有事也。孟子于前说，虽偶一道及，而其主要精神，实在后说。

孟荀因论性之主张异，故教育方针，随之而异。荀子尊他力，而孟子尊自力。荀子之教，其一，假物。故曰：“假舆马者，非利足也，而涉千里；假舟楫者，非能水也，而绝江河。君子生非异也，善假于物也。”（《劝学篇》）其二，尊师。故曰：“师云而云，则是知若师也。……不是师法而好自用，譬犹以盲辨色，以聋辨声，舍乱妄无为也。”（《修身篇》）盖性既恶则非藉他力无以矫正也。孟子不然，孟子曰：“万物皆备于我矣。”（《尽心下》）又曰：“反求诸己而已矣。”（《公孙丑上》）此与荀子假物之说异。又曰：“圣人先得我心之所同然耳。”（《告子上》）又曰：“子归而求之有余师。”此与荀子尊师之说异。孟子曰：“君子深造之以道，欲其自得之也。自得之则居之安，居之安则资之深，资之深则取诸左右逢其原。”（《离娄下》）自得者，纯恃自力之谓，圣贤师友，能示我为学方法，不能代我为学；能引我志于道，不能代我入道。故曰：“梓匠轮舆，能与人规矩，不能使人巧。”（《尽心下》）孔子所谓“人能弘道，非道弘人”，《中庸》所谓“诚者自成也”，即是此意。

然则自力修养之方法何如？一曰消极的抵抗；二曰积极的发展；而此二者实交相为用。孟子曰：

先立乎其大者，则其小者不能夺也。（《告子上》）

“先立乎其大者”即所以为发展，“小者不能夺”即所以为抵抗也。今先举其抵抗之学说，孟子曰：

耳目之官不思，而蔽于物，物交物，则引之而已矣。心之官则思，思则得之。（《告子上》）

此文特标物与我之辨，最足发人深省。物交物云者，上物字，指耳目所接之物，佛说自六尘至山河大地，常人所共指为物者此也。下物字，即指耳目及躯干之全部，佛说自六根以至六识，常人则不指此物而指我，不知此确为物而非我也。就其至浅者言之，如人之发齿爪甲，当其丽于我身，共指为我也（杨氏为我拔一毛利天下不为，即谓此一毛为我体也），及其脱落，则么么一物而已，此躯干之全部，与发齿爪甲何异？今世生理学大明，稍涉其樊者，共知吾全身筋骨血肉，皆阅若干时一蜕变，全非其故矣。然而犹执此为我而终不悟也。既认此物为我，则罄吾之智能以养之，凡人终日所营营者，舍养此耳目口体之外，更有何事？因养此耳目口体，于是乎有“宫室之美，妻妾之奉”，浸假而宫室妻妾，且成为我之一部。如是认贼作子，展转相引以至无穷，孟子喝破之，曰是“物交物”而已矣，是“于我何加焉”。明乎此义，然后知我前此所为营营龊龊者，皆为物役。自今以往，我当恢复我之自主权，我将对于一切物而宣告独立，不复为之奴隶。我但作此一念，而一切物已戢戢听命，无复能披猖矣，故曰“思则得之”也。

自力抵抗环境，当受环境苛酷的压迫时，最感其必要，《孟子》有一章，发挥此义最为深刻。曰：

> 故天将降大任于是人也，必先苦其心志，劳其筋骨，饿其体肤，空乏其身，行拂乱其所为，所以动心忍性，曾益其所不能。人恒过，然后能改；困于心，衡于虑，而后作；征于色，发于声，而后喻。入则无法家拂士，出则无敌国外患者，国恒亡。然后知生于忧患，而死于安乐也。（《告子下》）

此章实吾辈疲劳时之一兴奋剂，失望时之一续命汤。能常诵之，自可以提起奋斗的精神，使吾辈不致遇困难而退转。虽然，犹有一义当注意焉，环境之安顺的腐蚀，有时较苛酷的压迫尤为可畏，故孟子复予吾辈以严重的警告。曰：

> 一箪食，一豆羹，得之则生，不得则死。呼尔而与之，行道之人弗受；蹴尔而与之，乞人不屑也。万钟则不辨礼义而受之，万钟于我何加焉？为宫室之美，妻妾之

奉，所识穷乏者得我与？向为身死而不受，今为宫室之美为之；向为身死而不受，今为妻妾之奉为之；向为身死而不受，今为所识穷乏者得我而为之，是亦不可以已乎？此之谓失其本心。（《告子上》）

人类堕落，往往不在其失意之时，而在其得意之时。因得意时自卫力便松懈，则受恶社会之腐蚀而不自知也。孟子以为学人之抵抗社会，无论何时，皆须注全力。故曰：

富贵不能淫，贫贱不能移，威武不能屈，此之谓大丈夫。（《滕文公下》）

其积极的发展之方法如何？《中庸》云："惟天下至诚，为能尽其性。"孟子之学，从子思出，故其义与《中庸》共贯，曰：

或相倍蓰而无算者，不能尽其才者也。（《告子上》）

孟子既笃信人类平等，谓"圣人与我同类"，以为各人苟

将其个性充量发展，皆可以完成圆满的人格。故曰：“人皆可以为尧舜。”（《告子下》）

舜何人也？予何人也。有为者，亦若是。（《滕文公上》）

“舜人也，我亦人也，舜为法于天下，可传于后世，我犹未免为乡人也，是则可忧也。（《离娄下》）

尧舜为孟子理想的人格，然以为人人皆可以学到。尧舜所以与我辈相去倍蓰而无算，由我辈不能尽其才耳。尽其才之道何如？则扩充而已矣。孟子曰：

凡有四端于我者，知皆扩而充之矣。若火之始然，泉之始达，苟能充之，足以保四海。（《公孙丑上》）

又曰：

古之人所以大过人者，无他焉，善推其所为而已矣。（《梁惠王上》）

又曰：

人皆有所不忍，达之于其所忍，仁也。人皆有所不为，达之于其所为，义也。（《尽心下》）

又曰：

人能充无欲害人之心，而仁不可胜用也。人能充无穿窬之心，而义不可胜用也。（《尽心下》）

孟子只是教人发挥个性的本能，以为圆满的人格，不过将本能放大。所以其教人总是因势利导，对于门弟子无论矣，即对于时主亦然。齐宣王不忍一牛之觳觫，即谓“是心足以王”。好乐好色好货，皆指为美德，凡以其有善端而已。荀子曰：“木直中绳，輮以为轮，其曲中规。虽有槁暴，不复挺者，輮使之然也。”（《劝学》）以逆人性为教，孟子之“扩充”则以顺人性为教，两性恰相反矣。

孟子自道修养得力处，曰：

我善养吾浩然之气。（《公孙丑上》）

此是内业派与武侠派会通之点，其言养气之必要，谓“志，气之帅也；气，体之充也。志壹则动气，气壹则动志。今夫蹶者趋者，是气也，而反动其心。”气是指心理上情感方面之动相，当时内业派专重意志理性两方面，孟子认为有缺点，故以此补之。其说浩然之气也，曰：

> 其为气也，至大至刚，以直养而无害，则塞乎天地之间。其为气也，配义与道，无是馁也。……行有不慊于心，则馁矣。

所谓馁不馁者，正如漆雕开所谓“行曲则违于臧获，行直则怒于诸侯”。所谓配义与道者，道为理性力所体验，义为意志力所向往，孟子以为尚须加情操力之修，养以配之，行无不慊于心，则常能保持其迈往不挠之情操。而万事可以负荷，此所以使修养工夫成为现实应用的，而与老庄所教异其揆也。

孟子之政治论，祖述孔子大同之旨，其必称尧舜者，借尧舜以寄其公天下之理想也。故《万章》问：“尧以天下与舜有诸？”孟子曰：

否。天子不能以天下与人。（《万章上》）

桃应问："舜为天子，皋陶为士，瞽瞍杀人，则如之何？"孟子曰："执之而已矣。"曰："然则舜不禁与？"曰：

夫舜恶得而禁之，夫有所受之也。（《尽心上》）

前章论国家非君主私有，后章论法律之下万人平等，且法律非君主所能任意左右，皆孟子政治上重要之理想。孟子又曰：

贼人者谓之贼，贼义者谓之残，残贼之人，谓之一夫。闻诛一夫纣矣，未闻弑君也。（《万章上》）

又曰：

今之所谓良臣，古之所谓民贼也。（《告子下》）

当时贵族政治，已成过去，而君相专制的国家主义方盛行，故孟子大声疾呼以破之。故曰：

民为贵，社稷次之，君为轻。（《尽心下》）

滕文公问为国，孟子告以“民事不可缓”。齐宣王问齐桓晋文之事，孟子告以“保民而王”。此皆反抗当时之政治潮流，为民权思想之先河。但孟子仅言“保民”、言“牧民”、言“民之父母”，而未尝言民自为治。近世所谓Of the people、For the people、By the people之三原则，孟子仅发明of与for之两义，而未能发明by义，此其缺点也。

孟子政治论最重要之部分，则其经济制度也，孟子以经济的给足为社会道德之源泉。故曰：

民之为道也，有恒产者有恒心，无恒产者无恒心。苟无恒心，放辟邪侈，无不为矣。及陷于罪，然后从而刑之，是罔民也。（《滕文公上》）

又曰：

是故明君制民之产，必使仰足以事父母，俯足以畜妻

子，乐岁终身饱，凶年免于死亡。然后驱而之善，故民之从之也轻。（《梁惠王上》）

读此可知孟子认经济问题为改良社会之根本，与后世之耻言生计而高谈道德者有异矣。孟子经济政策第一要件，在整理土地制度。其言曰：

夫仁政必自经界始，经界不正，井地不均，谷禄不平。（《滕文公上》）

孔子之言经济，本最注重分配，故曰："不患寡而患不均。"（《论语·季氏》）孟子受其教，故以"均""平"为第一义，而当时主要之经济惟农业，故欲求分配之均，必在土地。孟子之理想土地制度，曰：

方里而井，井九百亩，其中为公田，八家皆私百亩，同养公田。（《滕文公上》）

此种制度，以全国耕地九分之一为纯粹的公有，其余九分之八，则私人虽无所有权而有使用权，在使用期间，收益归彼私有。而此公家之一分，亦由各私人公担其生产之劳作，即私人相互之间，亦为共用生产，平均分配。所谓“耕则通力合作，收则计亩均分”，实含有组合互助之精神。故孟子曰：

> 乡里同井，出入相友，守望相助，疾病相扶持，则百姓亲睦。（同上）

此孟子心目中之半共产的社会，不徒以此谋物质上之给足，实以为人类精神保健之一良剂也。

孟子又言：“野九一而助，国中什一使自赋。”（《滕文公上》）是主张都市经济制度与乡村有区别。又言：“关市讥而不征，泽梁无禁。”是主张自由贸易及山泽之利全归共有，凡此皆可见孟子经济思想之一斑也。

（按：原稿至此止）

附录一　《荀子》学术梗概

荀子与孟子，为儒家两大师。虽谓儒家学派得二子然后成立，亦不为过。然荀子之学，自有其门庭堂奥，不特与孟子异撰，且其学有并非孔子所能赅者。今举其要点如下。

第一，荀子之最大特色，在其性恶论。性恶论之旨趣，在不认人类为天赋本能所支配，而极尊后起的人为。故其教曰“化性起伪。”伪字从人从为，即人为之义。

第二，惟其如是，故深信学问万能，其教曰“习”曰“积”。谓习与积之结果，能使人尽变其旧前后若两人。若为向上的习积，则“积善成德而圣心备”，是即全人格之实现也。后世有提倡“一超直入”之法门者，与“积”之义相反，最为荀子所不取。

第三，学问如何然后能得，荀子以为全视其所受教育何如。故主张“隆师”，而与孟子“虽无文王犹兴”之说异。

第四，名师或不获亲接，则求诸古籍，故荀子以传经为业。汉代诸经传受，几无一不自彼出，（说详汪容甫《荀卿子通论》）而其守师法皆极严。

第五，既重习而不重性，则不问遗传而专问环境。环境之改善，荀子以为其工具在“文理”——文物与条理。文理之结晶体谓之“礼”，故其言政治、言教育皆以礼为中心。

第六，“礼，时为大。”故主张法后王而不贵复古。

第七，“礼”之表现，在其名物度数。荀子既尊礼学，故常教人对于心、物两界之现象，为极严正极绵密之客观的考察。其结果与近世所谓科学精神颇相近。

以吾所见荀子学术之全体大用，大略如是。盖厘然成为一系统的组织，而示学者以可寻之轨也。今将全书各篇重要之内容论次如下。（次第依今本。）

《劝学篇》上半篇（自“学不可以已”起至“安有不闻者乎”止）采入《大戴礼记》，大旨言性非本善，待学而后善。其要点在力言“假于物”之义，“渐积”之义，以明教育效能。其下半篇则杂论求学及应问方法。

《修身篇》教人以矫正本性之方法，结论归于隆礼而尊师。

《不苟篇》教人审度事理，为适用之因应。

《荣辱篇》论荣辱皆由人所自取。中多阐发性恶语。

《非相篇》篇首一段，辟相术之迷信，编录者因取以为篇名。内中有“法后王”一段，实荀卿学说特色之一。篇末论“谈说之术”两段亦甚要。

《非十二子篇》本篇批评当时各家学派之错误，并箴砭学风之阙失。内中所述各派，实为古代学术史之重要史料。

《仲尼篇》本篇多杂论，无甚精彩。

《儒效篇》大旨为儒术辩护。内中有“隆性隆积”一段，为性恶论之要语。

《王制篇》以下五篇皆荀子政治论。本篇论社会原理有极精语。

《富国篇》本篇论生计原理，全部皆极精。末两段言“非攻”及外交术，文义与全篇不甚相属。

《五霸篇》本篇言政术，多对当时立言。

《君道篇》本篇论“人治”与“法治”之得失，有精语。

《臣道篇》《致仕篇》此两篇无甚精彩。

《议兵篇》《强国篇》此两篇承认当时社会上最流行之国家主义，而去其太甚。

《天论篇》本篇批驳先天前定之说，主张以人力征服天行。是荀子哲学中极有力量的一部分。

《正论篇》本篇杂取世俗之论，批评而矫正之。全篇不甚有系统，惟末两段批评宋钘，最为可贵。因宋钘学说不多见，得此可知其概也。

《礼论篇》礼学为荀子所最重，本篇自为书中重要之篇。惟细绎全文，似是凑集而成。其第一段论礼之起原最精要。“礼有三本”以下，《大戴礼记》采录为《礼三本篇》。“三年之丧何也”以下，《小戴礼记》采录为《三年问篇》。

《乐论篇》本篇一部分采入《小戴礼记·乐记篇》。其论音乐原理及音乐与人生之关系最精。但《乐记》所说，尤为详尽。未知是编《小戴》者将本篇补充耶？抑传抄本篇者有遗阙耶？

《解蔽篇》本篇为荀子心理学。其言精深而肃括，最当精读，且应用之于修养。

《正名篇》本篇为荀子之逻辑学。条理绵密，读之益人神智。（宜与《春秋繁露·深察名号篇》同读。）

《性恶篇》本篇为荀子哲学之出发点，最当精读。

《成相篇》《赋篇》此二篇为荀子的美文，本不在本书之内，略浏览知文体之一种可耳。

《君子篇》《大略篇》《宥坐篇》《子道篇》《法行篇》《衣公篇》《尧问篇》，此七篇疑非荀子著作，不读亦可。

读《荀子》有两种目的，第一，为修养应用；第二，为学术的研究。

为修养应用起见，读《荀子》最能唤起吾辈之自治力，常检束自己，不至松弛堕落。又资质稍驽下之人，读之得“人定胜天”的信仰，能增加其勇气。又其理论之剖析刻入处，读之能令思虑缜密遇事能断。是故读《孟子》之益处在发扬志气，读《荀子》之益处在锻炼心能。二者不可偏废。为此种目的而读《荀子》，宜将心赏之格言，分类摘抄。——如有益于修身者，有益于应事者，有益于治学方法者。——常常熟讽牢记，随时参证于己身。庶几荀子所谓“博学而日参已，则知明而行无过矣”。

为学术的研究起见，其目的在求了解荀子学术之全系统及其在学术史上之位置。此种读法，宜特别注失明数篇——（最初读《劝学篇》观其大概。次读《性恶篇》观其思想根核所在。次读《解蔽》《正名》《天论》三篇，观其所衍之条理。次读《礼论》《乐论》两篇，观其应用于社会所操之工具如何。次读《正论篇》《非十二子篇》观其对于异派之攻难及辩护，如是则可以了解荀子之哲学及其教育。次读《富国》《君道》《王制》三篇，则可以了解荀子之政治学及其政术。更次则《荣辱》《非相》两篇，）间有极精之语，但不名一类，宜撷取为补助。以上诸篇，极须精读。余篇涉览足矣。

凡欲彻底了解一家学说，最好标举若干问题为纲领，将全书中关涉此问题之语句，悉数抄寻，比较钩稽以求其真意之所存。例如《荀子》之所谓性伪，所谓积，所谓习与化，所谓名，所谓礼，所谓蔽，等等，皆其主要问题也，各篇皆有论及，类抄而比观之，始能得其全豹。

凡立言总带有几分时代彩色，故孟子贵“知人论世”。荀子生今二千余年前，其言有专为当时之社会而发者，自当分别观之，不可盲从以责效于今日，但亦不可以今日眼光绳之，遂抹杀其在当日之价值也。至于其学说之含有永久性者——即并非对于时代问题而发言者，则无论何时皆可以咨其严刻之评骘也。

《荀子》书多古训，其语法亦多与近代文不同，且脱误之字颇不少，故有时非藉注释不能了解。旧注惟唐杨倞一家。前清乾嘉以降，校释者复数家。最先者为谢墉、卢文弨合校本，浙刻《二十二子》所采是也。次则郝懿行之《荀子补注》，王念孙之《读荀子杂志》，俞樾之《荀子平议》。自有此诸书，而《荀子》始可读矣。近人王先谦裒诸家所释，间下己意，为《荀子集解》，现行《荀子》注释书，无出其右，读者宜置一本也。

附录二　墨者及墨学别派

《吕氏春秋》云："孔墨弟子，充满天下。"（《尊师篇》）今孔子弟子，因《史记》有专传，其名传于后者甚多。墨子弟子，世几莫能举其名。孙诒让云："彼勤生赴死以赴天下之急，而姓名澌灭与草木同尽者，殆不知凡几。呜呼！悕矣！”诒让著《墨子传授考》，集本书及先秦诸子所纪，凡得墨子弟子十五人，再传弟子三人。三传弟子一人；治墨术而不详其传授系次者十三人，杂家四人。其扶微阐幽之志，洵足多也。今据之制墨者人表如左。（参看《墨于间诂》墨语上之三）

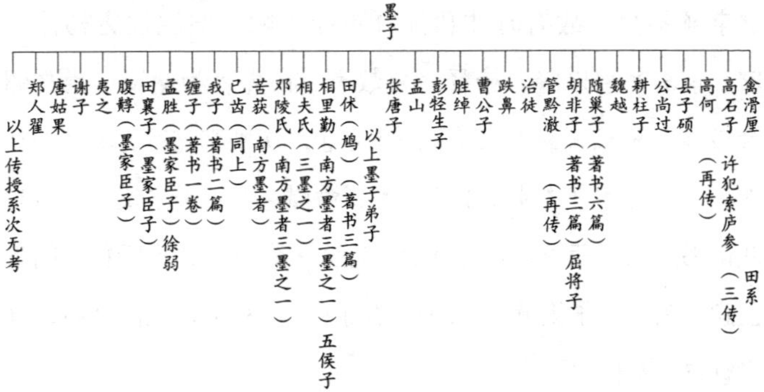

上表，古书中直接以“墨者”名者，尽于是矣。虽然，自墨子卒后以迄战国之末，其受墨学影响而卓然成为大师者犹大有人在。

第一，宋钘

《荀子·非十二子篇》以墨翟宋钘并称，则钘与翟同一学系甚明。钘即孟子书中之宋牼，或又即《庄子·逍遥游篇》之宋荣子；其学说概略，见于《庄子·天下篇》《荀子·正论篇》。孟子尊称之为“先生”，荀子称之为“子宋子”，又言其“聚人徒立师学”（俱见《正论篇》），知必为当时一大师矣。《天下篇》称其主张“人我之养毕足而止”，与墨子经济学说之根本观念正同；又称其“见侮不辱，救人之斗，禁攻寝兵，救世之战”。亦纯是墨家宗旨。孟子记其说秦楚罢兵，谓“我将言其不利”正合墨家实利主义。《天下篇》又言“彼以为无益于天下者，明之不如其已”，更是极端的实利主义口吻。《正论篇》述其言，谓“知见侮之为不辱，则不斗矣”，此纯是托尔斯泰之“无抵抗主义”，视墨子之非攻而主张自卫者，又进一层矣。

第二，尹文

《庄子·天下篇》以宋钘尹文并称，宋钘既属墨系，则尹文当亦然。《公孙龙子·迹府篇》《吕氏春秋·正名篇》，皆述尹文论“见侮不辱”之义，益可证文与钘确为同派。彼作为华山之冠表上下平，亦近墨子之平等主义。但今本尹文子二篇，对于儒墨，并有诋諆，其论皆名家法家言，是殆从墨学一转手者。

第三，许行

许行学说，仅见《孟子》。其并耕主义，盖受墨子经济思想之影响。“其徒数十人，皆衣褐，捆屦织席以为食”，亦宗墨子之“以自苦为极”。

第四，惠施

第五，公孙龙

第六，魏牟

惠施公孙龙，皆所谓名家者流也，而其学实出于墨。《庄子·天下篇》云：“墨者俱诵《墨经》，而倍谲不同，相谓别墨；以坚白同异之辩相訾，以觭偶不仵之辞相应。”《墨经》言名学过半，而施龙辩辞，亦多与经出入。《天下篇》举惠施推论十事，而归宿于“泛爱万物，天地一体”；公孙龙亦尝劝燕昭王偃兵，可见两家皆宗墨学。胡适谓《天下篇》所谓“别墨”即施龙一派，可谓特识。其详具见适所著书，不备引。

《荀子·非十二子篇》首举它嚣魏牟二人学说，今皆失传。然据《列子·仲尼篇》魏牟为公孙龙辩获七事，则牟盖龙之信徒；然则牟亦可入“别墨”矣。

先秦书多儒墨对举，汉人亦以儒侠对举；《史记》所谓“儒以文乱法而侠以武犯禁”是也。墨氏之教：“损己而益所为”（去声）“为身之所恶以成人之所急。”《淮南子》谓：“墨子服役者百八十人，皆可使赴火蹈刃，死不旋踵。”《新语》谓：“墨子之门多勇士。”然则战国末年以逮汉初，其游侠传中人物，皆谓之“别墨”可也。

今综合以上所论述，拟为墨学派别表如下：

- 墨学
  - （一）正统派
    - （甲）直系　禽滑釐、孟胜等
    - （乙）著述家　胡非、随巢等
    - （丙）部分实行家　宋钘等
  - （二）别派
    - （丁）法家　尹文等
    - （戊）名家　惠施、公孙龙等
    - （己）无政府主义　许行
    - （庚）游侠家

附录三 先秦诸子表

	第一期	第二期	第三期	第四期
道家	老子 有书五千言，今存。 关尹 有书九篇，已佚，今本伪。	杨朱 无书。 列御寇 有书八篇，疑伪。 老莱子 有书已佚，存疑。 黔娄子 有书已佚，存疑。	它嚣 无书。 魏公子牟 有书四篇，已佚。 彭蒙 无书。 田骈 亦作陈骈，有书二十五篇，今佚。 慎到 有书四十二篇，今本不全。 庄周 有书五十二篇，今本三十三篇，有附益。	蜎渊 亦作环渊，有书十三篇，今佚。 捷子 亦作接子，有书二篇，今佚。 宫孙子 有书二篇，今佚。 鹖冠子 有书一篇，已佚，今本伪。

续表

	第一期	第二期	第三期	第四期
儒家	孔子	子夏 子游 子张 孔门分派，见《孟子》《荀子》，子张为八儒之一见《韩非子》，子游为子思孟轲所宗，见《荀子·非十二子篇》。 子弓 孔门分派，为荀卿所宗。 曾子 子思所出，有书十八篇，今散见《两戴记》中。 漆雕开 八儒之一，有书十三篇，已佚。	子思 孔子孙，曾子弟子，有书二十三篇，其一部散见《两戴记》中。 景子 宓子弟子，有书三篇，已佚。 李克 子夏弟子，有书二十一篇，已佚。 世硕 七十子之弟子，有书二十八篇，已佚。 公孙尼子 七十子之弟子，有书二十八篇，已佚。 魏文侯 子夏弟子，有书六篇，已佚。	虞卿 有书十五篇，已佚。 荀卿 八儒之一，有书三十三篇，今本有改窜。 鲁仲连 有书十四篇，已佚。 徐子 有书四十二篇，已佚。 犍 有书七篇，已佚。 董无心 有书一篇，难墨子，已佚。

续表

	第一期	第二期	第三期	第四期
儒家	孔子	宓子 名不齐，有书十六篇，已佚。	孟子 八儒之一，有书十一篇，今本七篇。 乐正子春 颜氏 仲良氏 皆八儒之一。 芊婴 七十子后学者，有书十八篇，已佚。 告子 无书。	
墨家		墨子 有书七十一篇，今本五十三篇，有窜。	禽滑釐 墨子弟子，无书。 随巢子 墨子弟子，有书六篇，已佚。 宋钘 亦作宋牼、宋荣子，有书十八篇，已佚。	田俅子 墨家，有书三篇，已佚。 我子 墨家，有书一篇，已佚。 相里勤 三墨之一。 相夫氏 三墨之一。 邓陵氏 南方墨者，三墨之一。 缠子 有书一卷，见《意林》。

续表

	第一期	第二期	第三期	第四期
名家	邓析 有书二篇，疑伪，今本亦非原书。		尹文子 有书一篇，今本二篇。 惠施 有书一篇，已佚。	公孙龙 有书十四篇，今本六篇。 毛公 有书九篇，已佚。 成公生 有书一篇，已佚。 黄公 有书四篇，已佚。
法家			李悝 有书三十二篇，已佚。 商鞅 有书二十九篇，依托。 申不害 有书六篇，已佚。 尸佼 有书二十篇，已佚，今本有辑本。	处子 亦作剧子，有书九篇，已佚。 韩非子 有书五十五篇，今本有窜乱。 游棣子 有书一篇，已佚。 桓团 亦作韩檀。

续表

	第一期	第二期	第三期	第四期
阴阳家				邹衍 有书四十九篇，又五十六篇，已佚。 邹奭 有书十二篇，已佚。 公孙发 有书二十二篇，已佚。 公梼生 有书十四篇，已佚。 闾丘快 有书十三篇，已佚。 冯促 有书十三篇，已佚。 将钜子 有书五篇，已佚。 乘丘子 有书五篇，已佚。 杜文公 有书五篇，已佚。 南公 有书三十一篇，已佚。

续表

	第一期	第二期	第三期	第四期
其他	史鳍	计然 货殖家。 秦越人 医家，有《扁鹊内经》九卷，《外经》十二卷，疑伪，今传《难经》伪。	孙膑 兵家，有书八十九篇，今本十三篇题孙武著，疑误。 吴起 兵家，有书八十九篇，已佚，今本伪。 白圭 货殖家。 陈仲子 许行 子莫 子华子 淳于髡 屈原 有赋二十五篇。 皇子 料子 仅见《尸子》中，时代无考。	长卢 吁子 吕不韦 有书二十六篇，非自著。

表例

（一）上表所列，据《庄子·天下篇》《荀子·非十二子篇》《正论篇》《解蔽篇》《尸子·广泽篇》《韩非子·显学篇》《史记·孟子荀卿列传》《汉书·艺文志》参以他书。

（二）从司马谈说，强分为道、儒、墨、名、法、阴阳六家，其实此种分类，并不正确。且各家所隶，亦多未安，为便学者检览，姑类列之耳，其无可隶者别为一栏附于后。

（三）年代无正确之考据，略以并时可考之人，比例推断，强分为四期，凡以便学者而已，勿太泥。

国家新闻出版广电总局

首届向全国推荐中华优秀传统文化普及图书

大家小书书目

国学救亡讲演录	章太炎　著　蒙　木　编
门外文谈	鲁　迅　著
经典常谈	朱自清　著
语言与文化	罗常培　著
习坎庸言校正	罗　庸　著　杜志勇　校注
鸭池十讲（增订本）	罗　庸　著　杜志勇　编订
古代汉语常识	王　力　著
国学概论新编	谭正璧　编著
文言尺牍入门	谭正璧　著
日用交谊尺牍	谭正璧　著
敦煌学概论	姜亮夫　著
训诂简论	陆宗达　著
金石丛话	施蛰存　著
常识	周有光　著　叶　芳　编
文言津逮	张中行　著
经学常谈	屈守元　著
国学讲演录	程应镠　著
英语学习	李赋宁　著
中国字典史略	刘叶秋　著
语文修养	刘叶秋　著
笔祸史谈丛	黄　裳　著
古典目录学浅说	来新夏　著
闲谈写对联	白化文　著
汉字知识	郭锡良　著
怎样使用标点符号（增订本）	苏培成　著
汉字构型学讲座	王　宁　著

诗境浅说	俞陛云　著
唐五代词境浅说	俞陛云　著
北宋词境浅说	俞陛云　著
南宋词境浅说	俞陛云　著
人间词话新注	王国维　著　滕咸惠　校注
苏辛词说	顾　随　著　陈　均　校
诗论	朱光潜　著
唐五代两宋词史稿	郑振铎　著
唐诗杂论	闻一多　著
诗词格律概要	王　力　著
唐宋词欣赏	夏承焘　著
槐屋古诗说	俞平伯　著
词学十讲	龙榆生　著
词曲概论	龙榆生　著
唐宋词格律	龙榆生　著
楚辞讲录	姜亮夫　著
读词偶记	詹安泰　著
中国古典诗歌讲稿	浦江清　著 浦汉明　彭书麟　整理
唐人绝句启蒙	李霁野　著
唐宋词启蒙	李霁野　著
唐诗研究	胡云翼　著
风诗心赏	萧涤非　著　萧光乾　萧海川　编
人民诗人杜甫	萧涤非　著　萧光乾　萧海川　编
唐宋词概说	吴世昌　著
宋词赏析	沈祖棻　著
唐人七绝诗浅释	沈祖棻　著
道教徒的诗人李白及其痛苦	李长之　著
英美现代诗谈	王佐良　著　董伯韬　编
闲坐说诗经	金性尧　著
陶渊明批评	萧望卿　著

古典诗文述略	吴小如 著
诗的魅力 ——郑敏谈外国诗歌	郑 敏 著
新诗与传统	郑 敏 著
一诗一世界	邵燕祥 著
舒芜说诗	舒 芜 著
名篇词例选说	叶嘉莹 著
汉魏六朝诗简说	王运熙 著 董伯韬 编
唐诗纵横谈	周勋初 著
楚辞讲座	汤炳正 著 汤序波 汤文瑞 整理
好诗不厌百回读	袁行霈 著
山水有清音 ——古代山水田园诗鉴要	葛晓音 著
红楼梦考证	胡 适 著
《水浒传》考证	胡 适 著
《水浒传》与中国社会	萨孟武 著
《西游记》与中国古代政治	萨孟武 著
《红楼梦》与中国旧家庭	萨孟武 著
《金瓶梅》人物	孟 超 著 张光宇 绘
水泊梁山英雄谱	孟 超 著 张光宇 绘
水浒五论	聂绀弩 著
《三国演义》试论	董每戡 著
《红楼梦》的艺术生命	吴组缃 著 刘勇强 编
《红楼梦》探源	吴世昌 著
《西游记》漫话	林 庚 著
史诗《红楼梦》	何其芳 著 王叔晖 图 蒙 木 编
细说红楼	周绍良 著
红楼小讲	周汝昌 著 周伦玲 整理

曹雪芹的故事	周汝昌　著　周伦玲　整理
古典小说漫稿	吴小如　著
三生石上旧精魂 ——中国古代小说与宗教	白化文　著
《金瓶梅》十二讲	宁宗一　著
中国古典小说十五讲	宁宗一　著
古体小说论要	程毅中　著
近体小说论要	程毅中　著
《聊斋志异》面面观	马振方　著
《儒林外史》简说	何满子　著

我的杂学	周作人　著　张丽华　编
写作常谈	叶圣陶　著
中国骈文概论	瞿兑之　著
谈修养	朱光潜　著
给青年的十二封信	朱光潜　著
论雅俗共赏	朱自清　著
文学概论讲义	老　舍　著
中国文学史导论	罗　庸　著　杜志勇　辑校
给少男少女	李霁野　著
古典文学略述	王季思　著　王兆凯　编
古典戏曲略说	王季思　著　王兆凯　编
鲁迅批判	李长之　著
唐代进士行卷与文学	程千帆　著
说八股	启　功　张中行　金克木　著
译余偶拾	杨宪益　著
文学漫识	杨宪益　著
三国谈心录	金性尧　著
夜阑话韩柳	金性尧　著
漫谈西方文学	李赋宁　著
历代笔记概述	刘叶秋　著

周作人概观	舒　芜　著
古代文学入门	王运熙　著　董伯韬　编
有琴一张	资中筠　著
中国文化与世界文化	乐黛云　著
新文学小讲	严家炎　著
回归，还是出发	高尔泰　著
文学的阅读	洪子诚　著
中国文学1949—1989	洪子诚　著
鲁迅作品细读	钱理群　著
中国戏曲	么书仪　著
元曲十题	么书仪　著
唐宋八大家——古代散文的典范	葛晓音　选译
辛亥革命亲历记	吴玉章　著
中国历史讲话	熊十力　著
中国史学入门	顾颉刚　著　何启君　整理
秦汉的方士与儒生	顾颉刚　著
三国史话	吕思勉　著
史学要论	李大钊　著
中国近代史	蒋廷黻　著
民族与古代中国史	傅斯年　著
五谷史话	万国鼎　著　徐定懿　编
民族文话	郑振铎　著
史料与史学	翦伯赞　著
秦汉史九讲	翦伯赞　著
唐代社会概略	黄现璠　著
清史简述	郑天挺　著
两汉社会生活概述	谢国桢　著
中国文化与中国的兵	雷海宗　著
元史讲座	韩儒林　著

魏晋南北朝史稿　　贺昌群　著
汉唐精神　　贺昌群　著
海上丝路与文化交流　　常任侠　著
中国史纲　　张荫麟　著
两宋史纲　　张荫麟　著
北宋政治改革家王安石　　邓广铭　著
从紫禁城到故宫
——营建、艺术、史事　　单士元　著
春秋史　　童书业　著
明史简述　　吴　晗　著
朱元璋传　　吴　晗　著
明朝开国史　　吴　晗　著
旧史新谈　　吴　晗　著　习　之　编
史学遗产六讲　　白寿彝　著
先秦思想讲话　　杨向奎　著
司马迁之人格与风格　　李长之　著
历史人物　　郭沫若　著
屈原研究（增订本）　　郭沫若　著
考古寻根记　　苏秉琦　著
舆地勾稽六十年　　谭其骧　著
魏晋南北朝隋唐史　　唐长孺　著
秦汉史略　　何兹全　著
魏晋南北朝史略　　何兹全　著
司马迁　　季镇淮　著
唐王朝的崛起与兴盛　　汪　篯　著
南北朝史话　　程应镠　著
二千年间　　胡　绳　著
论三国人物　　方诗铭　著
辽代史话　　陈　述　著
考古发现与中西文化交流　　宿　白　著
清史三百年　　戴　逸　著

清史寻踪	戴　逸　著
走出中国近代史	章开沅　著
中国古代政治文明讲略	张传玺　著
艺术、神话与祭祀	张光直　著 刘　静　乌鲁木加甫　译
中国古代衣食住行	许嘉璐　著
辽夏金元小史	邱树森　著
中国古代史学十讲	瞿林东　著
历代官制概述	瞿宣颖　著
宾虹论画	黄宾虹　著
中国绘画史	陈师曾　著
和青年朋友谈书法	沈尹默　著
中国画法研究	吕凤子　著
桥梁史话	茅以升　著
中国戏剧史讲座	周贻白　著
中国戏剧简史	董每戡　著
西洋戏剧简史	董每戡　著
俞平伯说昆曲	俞平伯　著　陈　均　编
新建筑与流派	童　寯　著
论园	童　寯　著
拙匠随笔	梁思成　著　林　洙　编
中国建筑艺术	梁思成　著　林　洙　编
沈从文讲文物	沈从文　著　王　风　编
中国画的艺术	徐悲鸿　著　马小起　编
中国绘画史纲	傅抱石　著
龙坡谈艺	台静农　著
中国舞蹈史话	常任侠　著
中国美术史谈	常任侠　著
说书与戏曲	金受申　著
世界美术名作二十讲	傅　雷　著

中国画论体系及其批评	李长之　著
金石书画漫谈	启　功　著　赵仁珪　编
吞山怀谷 ——中国山水园林艺术	汪菊渊　著
故宫探微	朱家溍　著
中国古代音乐与舞蹈	阴法鲁　著　刘玉才　编
梓翁说园	陈从周　著
旧戏新谈	黄　裳　著
民间年画十讲	王树村　著　姜彦文　编
民间美术与民俗	王树村　著　姜彦文　编
长城史话	罗哲文　著
天工人巧 ——中国古园林六讲	罗哲文　著
现代建筑奠基人	罗小未　著
世界桥梁趣谈	唐寰澄　著
如何欣赏一座桥	唐寰澄　著
桥梁的故事	唐寰澄　著
园林的意境	周维权　著
万方安和 ——皇家园林的故事	周维权　著
乡土漫谈	陈志华　著
现代建筑的故事	吴焕加　著
中国古代建筑概说	傅熹年　著
简易哲学纲要	蔡元培　著
大学教育	蔡元培　著 北大元培学院　编
老子、孔子、墨子及其学派	梁启超　著
春秋战国思想史话	嵇文甫　著
晚明思想史论	嵇文甫　著
新人生论	冯友兰　著

中国哲学与未来世界哲学	冯友兰　著
谈美	朱光潜　著
谈美书简	朱光潜　著
中国古代心理学思想	潘　菽　著
新人生观	罗家伦　著
佛教基本知识	周叔迦　著
儒学述要	罗　庸　著　杜志勇　辑校
老子其人其书及其学派	詹剑峰　著
周易简要	李镜池　著　李铭建　编
希腊漫话	罗念生　著
佛教常识答问	赵朴初　著
维也纳学派哲学	洪　谦　著
大一统与儒家思想	杨向奎　著
孔子的故事	李长之　著
西洋哲学史	李长之　著
哲学讲话	艾思奇　著
中国文化六讲	何兹全　著
墨子与墨家	任继愈　著
中华慧命续千年	萧萐父　著
儒学十讲	汤一介　著
汉化佛教与佛寺	白化文　著
传统文化六讲	金开诚　著　金舒年　徐令缘　编
美是自由的象征	高尔泰　著
艺术的觉醒	高尔泰　著
中华文化片论	冯天瑜　著
儒者的智慧	郭齐勇　著

中国政治思想史	吕思勉　著
市政制度	张慰慈　著
政治学大纲	张慰慈　著
民俗与迷信	江绍原　著　陈泳超　整理

政治的学问	钱端升　著　钱元强　编
从古典经济学派到马克思	陈岱孙　著
乡土中国	费孝通　著
社会调查自白	费孝通　著
怎样做好律师	张思之　著　孙国栋　编
中西之交	陈乐民　著
律师与法治	江　平　著　孙国栋　编
中华法文化史镜鉴	张晋藩　著
新闻艺术（增订本）	徐铸成　著
经济学常识	吴敬琏　著　马国川　编
中国化学史稿	张子高　编著
中国机械工程发明史	刘仙洲　著
天道与人文	竺可桢　著　施爱东　编
中国医学史略	范行准　著
优选法与统筹法平话	华罗庚　著
数学知识竞赛五讲	华罗庚　著
中国历史上的科学发明（插图本）	钱伟长　著

出版说明

“大家小书”多是一代大家的经典著作，在还属于手抄的著述年代里，每个字都是经过作者精琢细磨之后所拣选的。为尊重作者写作习惯和遣词风格、尊重语言文字自身发展流变的规律，为读者提供一个可靠的版本，“大家小书”对于已经经典化的作品不进行现代汉语的规范化处理。

提请读者特别注意。

北京出版社